不確実な未来を見通す

投資バカの思考法

ひふみ投信 ファンドマネージャー
藤野英人

はじめに

なぜ私はこの本を書いたのか

本書は、私がこれまで25年間で磨き上げてきた、投資のプロとしての経験と知見、メソッドを一冊に凝縮したものです。

「投資」と「お金」の考えをすべて詰め込みました。

あなたは、ファンドマネジャーという仕事はご存じでしょうか。

ファンドマネジャーとは、個人投資家のみなさんからお金を預かり、そのお金を使って、投資をする担当者のことです。おもに投資先の選定や売買タイミングの決定を行い、預かったお金を運用していきます。

私は、野村投資顧問（現：野村アセットマネジメント）、ジャーデン・フレミング（現：ＪＰモルガン・アセット・マネジメント）、ゴールドマン・サックス・アセット・マネジメントを経て、２００３年に「レオス・キャピタルワークス」を創業しました。現在は、「ひふみ投信」「ひふみプラス」の運用責任者をしています。

かれこれ、25年、投資の世界の第一線で仕事をしてきました。

「39億年分の1」の確率で4年連続ファンド大賞受賞

「ひふみ投信」は、リスクが低くリターンが高いファンドに贈られる「Ｒ＆Ｉファンド大賞」を２０１２年から４年連続で受賞しています。Ｒ＆Ｉファンド大賞は定量的な成果に基づき３位以内に大賞を与える、権威ある表彰制度です。

私たちは日本株を専門としていて、ライバルは約５００商品。

ライバルがこれだけ多くひしめく中で、**「4年連続」でファンド大賞を受賞する確率は、「39億年分の1」**※です。

では、どうして「ひふみ投信」は、天文学的な確率でファンド大賞を獲得できたのでしょうか。その理由は、「ライバルよりも高い精度で、（結果的に）未来を予測できたから」です。

株式市場に関わっている人たちは、誰もが**「未来を見たい」**と考えています。なぜなら、「未来を見通す」ことができれば、必ず儲かるからです。株式市場において100％勝つ方法があるとしたら、タイムマシンに乗って未来に行くことしかありません。どの会社が成長し、未来の株価がどうなるのかがわかっていれば、絶対に儲かります。

ですが、タイムマシンが存在しない以上、未来を見ることはできません。**私たちは、「過去を見て、未来を考える」という宿命を背負っています。**

過去、多くの投資家たちが、絶対に儲かる錬金術を手に入れようと挑み続けました。チャート分析（株価の動きや形に注目する）や、ファンダメンタルズ分析（会社の会計など数量化できる情報を集めて、会社の本質を見極める）といった分析方法が考え出されたのも、「未来を正確に予測したい」という欲望からです。

しかし、どんなに高等数学を駆使したところで、予測は当たるときもあれば、外れるときもある。100%ではありません。**歴史的に見ても、株式投資で成功し続けるのがむずかしいのは、未来が見えないからなのです。**

しかし、**世の中がどう動こうと、再現性を持って結果を出し続ける方法があります。**

未来を100%見通すことはできなくても、予測の精度を高める方法があります。

たとえ予測が外れても、大崩れせずに立て直す方法があります。

その方法を記したのが、本書です。

私はこの本で、これまで磨き上げてきた「投資」、つまり本職の「仕事」の手の内をすべて明かすつもりです。

なぜそんな企業秘密を明かすような、自分にとって不利なことをするのか。

そこには、私が直面している「危機感」があるからです。

日本人が誤解しているアベノミクスの本当の狙い

今、日本で起きていることを正確に理解している人は、どのくらいいるでしょうか。

こんなたとえ話があります。


そもそもお金とは、紙とコインにすぎません。

「この紙とコインには価値がありますよ」と国が認めただけのことで、本質的には、「タヌキが集める木の葉」と同じものです。


今の日本には、2匹の巨大なタヌキがいて、膨大な量の木の葉を貯め込んでいます。


1匹目のタヌキは、「家計」です。このタヌキは、1600兆円の個人金融資産の中で、870兆円の現金預金を貯め込んでいます。

2匹目のタヌキは、「会社」です。上場企業だけでも、内部留保（現預金）を200兆円も貯めています。

1000兆円もの借金を抱える日本政府は、タヌキが集めた現金を動かすことで、借金を減らそうと考えました。

動かす方法は、次の2つです。

①増税
②インフレ

すでに、消費税増税は実施されていますが、国民は増税に過敏に反応するため、なかなか税金が取れません。政府への信頼がなければ、増税はむずかしいのが実情です。

そこで、2つ目の方法です。

国民は、消費税が5%から8%に上がることには大騒ぎをしますが、為替が80円から120円になり、円の価値が下がっても、増税のときのように大騒ぎはしません。

そのことに気がついた政府は、「しめしめ。だったらインフレ（物価が上がり、貨幣価値が下がること）にするほうがいいな」と考えたわけです。

日本銀行にお金をどんどん刷らせて、市場に出回るお金（円）の価値を下げる。これが金融政策としてのインフレです。

物価が上がることで現金の価値は相対的に目減りするので、これによって1000兆円の借金の価値を下げようとしているわけです。

日銀の黒田東彦総裁が行ったことから「黒田バズーカ」と呼ばれていて、**円の価値は実質「3割」は下がった**と言われています。

貯金大好きな人が損をする

では、円の価値が下がると、どうなるか。

「現金をたくさん持っている人が損をする」ことになります。

「現金預金を持っていても、価値が下がるだけですよ。これからインフレにして、あなたが持っている現金を木の葉にします。それがイヤなら、投資か、消費をしなさい」と現金の放出をうながすのが黒田バズーカの狙いです。「NISA（少額投資非課税制度）」も「401k（確定拠出年金）」の改革も、貯蓄から投資へ移そうとする政策の一環です。

アベノミクスは「金持ち優遇」と批判されていますが、これは正しくありません。

打撃を受けるのは2000万、3000万円の現金を貯め込んでいる人たちです。円の価値が3割下がった場合に、貯金100万円の人は30万円の損失ですが、貯金3000万円の人は900万円もの損失になります。

ところが日本人は、現預金が大好き。投資も消費もしないまま現金を抱えています。インフレになればお金の価値は下がるわけですから、**現金は非常に危険な資産**になっています。投資をしないことによって、現預金が目減りするリスクを負っているのが今の状態です。

もう一方で、「上場企業」という2匹目のタヌキも、200兆円という莫大な内部留保を抱えています。

本来であれば、従業員や株主に還元するか、設備投資に回すべきお金ですが、それをしませんでした。もし日本の企業が200兆円を使って新しいことに挑戦していたら、今の日本はもっと活気があったでしょう。

「このお金も使わせたい」と考えた政府は、「もう一匹、寝ているものがいる」ことを思い出しました。「機関投資家」というキツネです。

図1　2匹のタヌキをキツネで狩る

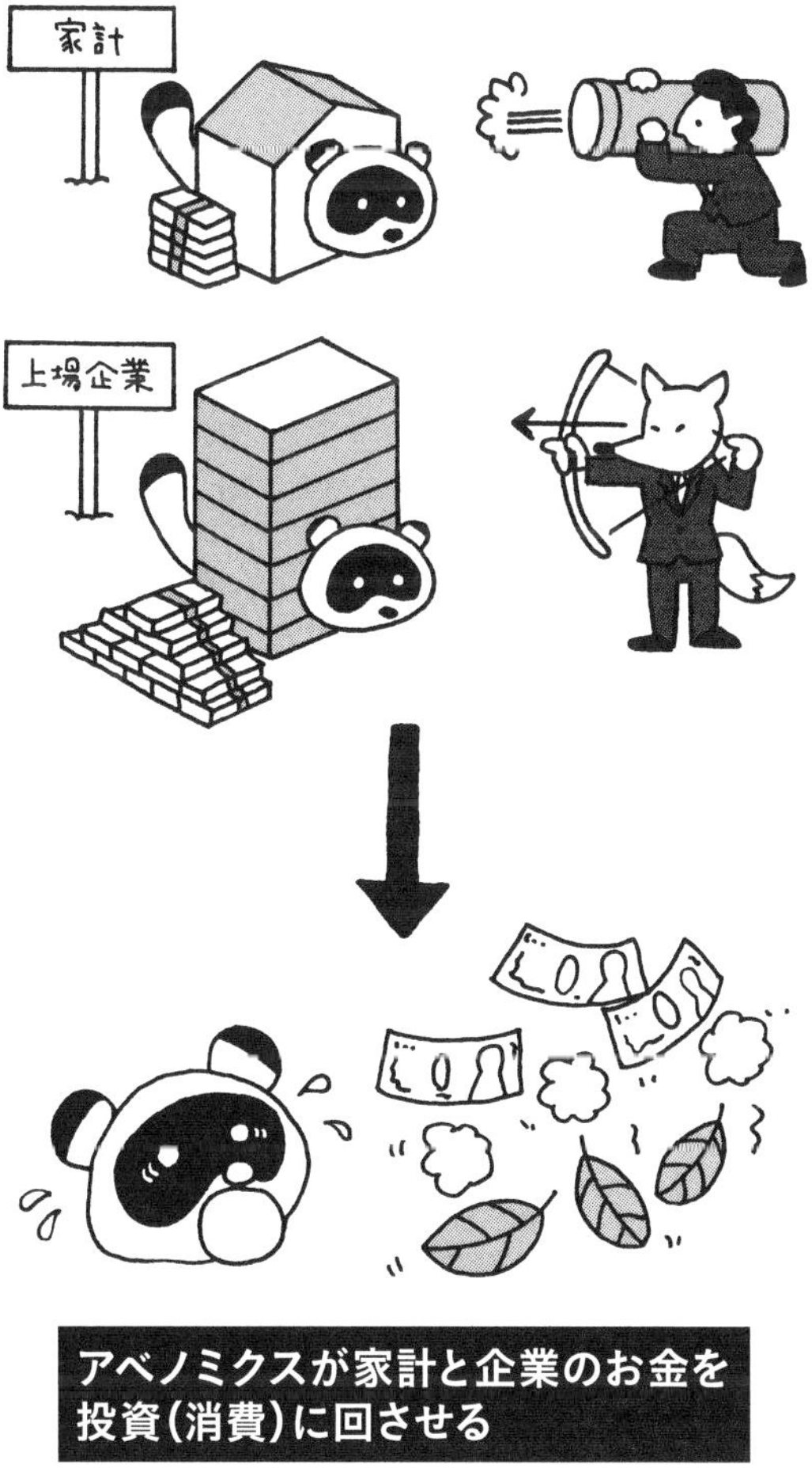
家計
上場企業
アベノミクスが家計と企業のお金を
投資(消費)に回させる

「キツネは、大きなお金を抱えているけれども、きちんと運用していないから、ぶくぶく太っている。このキツネにタヌキ狩りをさせよう」と思いついたのです。

そして、「スチュワードシップ・コード」（機関投資家のあるべき姿を規定したガイダンス）などを策定して、「投資家に投資先の企業と対話をさせて、企業経営に積極的に関与させよう」と考えたのです。すなわち、

①インフレにして現預金の価値を下げ、投資（消費）させる
②機関投資家に投資先企業への関与をうながし、社長を働かせる

という2段階で借金を減らそうというのが、アベノミクスの本質です。

この方法は、両方とも株高の要因になります。

株価が上がれば、現金の価値は下がって財政赤字が薄まるという論理です。

株価が上がれば株持ちの資産は増えますから、アベノミクスの実体は、「金持ち優遇政策」ではなく、「株持ち優遇政策」。

これからは、**動かない人が損をする時代**なのです。

「現金を抱え込む人」と「投資をする人」の格差はどんどん広がります。リスクを取ってでもお金を動かしたほうが、「得」できるのです。

増殖する「失望最小化」戦略の人たち

しかし、肝心の個人のマインドはどうでしょうか？

そこに私が感じた「危機感」が凝縮されています。

今の日本には「2つのグループ」がいるような気がしています。

「失望最小化」戦略を取るグループと、**「希望最大化」戦略**を取るグループです。

失望最小化戦略……動かない人／挑戦しない人

「将来には、必ず失望が待っている……」

そう考えているのが、このグループです。

転職をしても待遇が良くなるかわからないから、このまま我慢する。人間関係が煩わしくなるからフェイスブックはやらない。どうせ損をするから投資はしない。

インフレが起きてお金の価値が減っても、減った分より貯めておけば何とかなるから貯めておく……。

このグループは、未来に対して暗い見通しを持っています。

「どうせ世の中は悪くなる」と、新しいことにチャレンジしないのが「失望最小化戦略の考え方です。

失望最小化戦略は、変化を嫌い、動こうとしません。

学校や会社と家との往復が中心で、それ以外の世界と関わることが滅多にありません。彼らは、リスクを取ることを避ける傾向が強くて、非常に保守的な人生観を持っています。株式の保有比率も小さく、アベノミクスの恩恵をあまり受けていません。

希望最大化戦略……動く人／挑戦する人

「将来は明るい！　挑戦したほうが喜びは大きくなる！」

そう考えているのがこのグループです。

自分を成長させるため、そして社会に貢献するため、「自分にできることは積極的に取り組もう」と考えます。変化を望み、自ら進んで動こうとします。

図2　失望最小化戦略と希望最大化戦略の人たち

動く人と動かない人の格差は
さらに大きくなる

現金を貯め込んでも現金の価値は減る一方。未来に対して投資をしていかなければいけない時代に入っている。このグループの人は、そのことがわかっています。「何もしないこと＝リスク」になると理解しているので、株式投資にも前向きです。

でも、こうした考えを持つ人に対して、「イタイ人」「意識高い系」と揶揄する人が多いのが今の日本です。「失望最小化」戦略の人は、嫉妬に取り憑かれていて、自分の水準まで他人を引きずりおろそうとしています。

残念なことに、日本全体で見ると、「失望最小化」戦略のグループ（＝動かない人）が大多数ではないでしょうか。とくにこの10年で、かつては3割程度だったのが、6割くらいまで増えた気がします。

あなたはどちらに属しますか。

「失望最小化」戦略を取る人は、投資をしません。儲かって得をすることよりも、損をしないことのほうが大事だからです。
けれど**「投資しなければ損もしない」という考えは、短絡的です。円の価値が下がっていけば、投資や消費をしないことこそ損になるのに、そのことに気づいていない**

からです。

なぜ未来をこれほど不安に感じるのか

これからの日本では、「希望最大化」戦略を取る人と「失望最小化」戦略を取る人、つまり「動く人」と「動かない人」の格差がさらに広がります。

2年前に投資をはじめた人は、投資金額が平均で「2倍」に増えていますから、**「動いた分だけ運用益が増えた」**わけです。

「動かない人」は、転職をせず、地域を離れず、狭い交友関係の中で息を潜めていて、買い物する場所も代わり映えがしません。投資も消極的で、節約が大好き。怖いから動かない。動かないから視野が広がらない。視野が広がらないからチャンスに気が付かない。

現状の不満を自分の責任ではなく、「世の中のせい」にしています。

では、なぜ彼らは動かないのでしょうか。

それは、先の見えない未来が不安だからではないでしょうか。未来に「失望」しか抱けないことで、動く勇気を持てずに、立ちすくんでいるように見えます。

投資家は何を見て、どう考え、どう決めるのか

しかし、**未来が予測できなくても、結果を出すことはできます。**

丁寧に世の中を観察して、客観的に物事を判断して、リスクを恐れず決断していけば、短期的には多少の負けがあったとしても、長期的には**「勝ち続けることは不可能ではない」**と、私は信じています。

その根拠として、私はこれまで、不確実性の中で生き残ってきました。

25年間の運用経験の中で、バブル崩壊や阪神・淡路大震災、オウム・サリン事件、9・11米国同時多発テロ、リーマンショック、東日本大震災など、不確定な状況をいくつも経験しています。

激動する社会の中で、多くのファンドマネジャーは業界から姿を消しました。

けれど、私はこうして生き残り、一定の成果を出し続けています。

激動の時代でも勝ち続ける方法がある

たしかに未来を正確に予測することは、誰にもできない。

けれど、それを百も承知のうえで、ファンドマネジャーは、未来を選ばなければなりません。なぜなら、投資とは、

「今この瞬間にエネルギーを投入して、未来からのお返しをいただくこと」

「世の中を良くして、明るい未来をつくること」


だからです。

そして、ファンドマネジャーの仕事とは、その一助として、

「会社の成長性を見極めること」

だからです。

投資した会社が成長すれば、会社は利益が出て税金を払い、株価が上がって投資家の資産も増えます。投資は、将来、みんなが幸せをシェアするお金の使い方です。お金を生かすためにも、明るい未来をつくるためにも、ファンドマネジャーは、

「未来に立って、今を見る」

必要があります。

投資が成功しなければ、「明るい未来」は訪れない。

そう思うからこそ、私は、目を凝らして、見えない未来を見ています。

ファンドマネジャーが、予測できない未来をどのようにとらえているか、理解いただけたでしょうか。

本書は、先の見えない未来に不安を抱え、身動きが取れない人のために、「何を見て、どう考え、どう決めるのか」を明かした本です。そのための7つの力をご紹介します。

①洞察力……………主観を排除し、情報をフラットにとらえる力

②決断力……………やらないことを捨てる力

③**リスクマネジメント**……変化を受け入れる力
④**損切り**………過去にとらわれず、今を評価する力
⑤**時間**…………時間を味方につける力
⑥**増やす力**……経済とお金の本質を知る力
⑦**選択力**………未来の希望を最大化する力

この7つの力は、投資の世界だけではなく、「仕事」や「人間関係」など人生のあらゆる局面で必要とされる力です。

本書が、未来を生き抜くための助力となれば、嬉しく思います。

※ひふみ投信は過去4年間で、2位以内の成績を上げています。500本のファンドの中で2位以内を取る確率は、2／500＝1／250、4年連続なので4乗をすると、約39億分の1という数字になります。

投資バカの思考法

目次

序章

そもそも、「投資」とは何なのか？

第1章

洞察力

マーケット感覚を養うなら、専門知識よりも街歩き

第2章

決断力

決断とは、やらないことを捨てること

第3章

リスクマネジメント

リスク分散とは「好奇心」の分散である

第4章

損切り

評価は常に「時価」で考える

第5章

時間

「お金」「効率」よりも大切なもの

第6章

増やす力

「経済」とは何か？「お金」とは何か？を知る

第7章

選択力

未来に向けて、希望を最大化する戦略

序章

そもそも、
「投資」とは何なのか？

投資とは、
今この瞬間にエネルギーを投入して、
未来からのお返しをいただくこと

①

まずマーケットの正体を見破る

投資家が、投資で稼ぐためには、まず何よりも「マーケット（株式市場）の正体」を理解しておかなければなりません。

マーケットをいろいろなものにたとえながら、**「マーケットとは何なのか」**を考えてみましょう。

レオスの会議室には、1枚の絵がかけられています（左ページ）。文字美術家の遠山由美さんにお願いをして、つくっていただいた作品です。

この絵には、2つの漢字が隠されているのですが、わかりますか？

図3 レオス・キャピタルワークスの会議室の1枚の絵

（遠山由美：作）

答えは、「牛」と「熊」です。

白の文字は「牛」、黒の文字は「熊」と書かれています。

マーケット（株式市場）では、角を下から上に突き上げて攻撃する牛（ブル）は「強気（買い）」を表し、熊（ベア）は、上から爪を振り下ろすため「弱気（売り）」を表しています。

マーケットは「牛」と「熊」の闘いである

すなわちマーケットは「牛と熊の融合によって形成される」と解釈できるわけです。

- **牛…強気／買い**
- **熊…弱気／売り**

では、牛と熊は、どちらが強いのでしょうか。強気と弱気は、どちらがチャンスなのでしょうか。牛（強気）ではないかと思う人が多いかもしれません。

本質的には「同じ」です。

なぜなら、株は「売り」と「買い」が結合しないと、売買が成立しないからです。売りたい人と、買いたい人がいるから、マーケットは成り立っています。

この1枚の絵の中に、「牛」と「熊」の2つの意味を持たせたのは、**「牛と熊に価値の上下はなく、同一である。売りと買いも、同一である」**という、マーケットの前提を象徴的に表現したかったからです。まずはこの原則を頭に叩き込んでおいてください。

株式市場には、「牛」と「熊」のほかに、「2つの神様」が共存しています。「捨てる神」と「拾う神」です。

- **捨てる神…株を売る（捨てる）神様**
- **拾う神……株を買う（拾う）神様**

拾う神あれば捨てる神あり。

株の売買が成立するのは、捨てる神（売る人）と拾う神（買う人）がいるからです。マーケットとは、「捨てる神」と「拾う神」が出会う場所です。

誰かが捨ててくれなければ、拾うことはできません。ですから、捨てる人も神様です。牛と熊が同一の価値であるように、**捨てる神も拾う神も、どちらも同等に存在意義があります。**自分が捨てる神になることも、拾う神になることもあります。

マーケットは、宇宙である

マーケットを「宇宙」にたとえることもできます。

「宇宙と人間」、「宇宙と会社」には、類比関係が見られます。

無数の星が、生成と消滅を繰り返しているのが、「宇宙」です。

多くの会社が、成長と衰退を繰り返しているのが、「マーケット」です。

無限に広がる宇宙は、大きさの違う無数の星によって成り立っていますが、同じようにマーケットは、たくさんの会社と、人のつながりによって成り立っています。人と人とが結合して大きなうねりになり、それが価値を生み出してマーケットをつくっています。

そして、私たちがつくるファンドは、さながら、「小宇宙」です。

巨大な宇宙で大きく拡大するために、いくつかの会社（星）に投資をして、小宇宙をつくるのがファンドビジネスです。

「宇宙を相手にどう対峙し、あるいは共存しながら、株式投資を成功させるのか」を考えるのが私の仕事です。

宇宙全体は常に成長していますが、私たちのつくった小宇宙が宇宙よりも速いスピードで成長できたとしたら、宇宙に立ち向かうことができるでしょう。だからこそ、宇宙全体をよく観察して、無数の星の中から、きらめく星、つまり成長しそうな会社を探し当てなければならないわけです。

POINT

マーケットとは「牛…買い」と「熊…売り」であり、2つは同じ価値を持つ

② 投資が難しいのは、未来が読めないから

「来年の為替の見通しはどうなりますか？」

「日経平均の見通しはどうなるのですか？」

ファンドマネジャーの仕事に長年携わっていると、個人投資家の方々からそんな質問をいただくことがあります。そんなとき、私の答えはいつも決まっています。

「わかりません」

ところで株価がどうやって決まるか、ご存じですか。

少し専門的になりますが、株価とは、

「ＥＰＳ（１株当たり純利益）×ＰＥＲ（株価収益率）」

という式で表せます。ＥＰＳが１００円でＰＥＲが５倍であれば、株価は５００円になります。ＥＰＳは情熱、工夫、頑張りといった「人」の要素が強く、一方でＰＥＲは、人気、金利、為替の影響を受けます。

多くの学者が、宇宙というマーケットの未来を予測する分析法を研究していますが、いまだに決定打は出ていません。仮に、分析法が見つかったとしても、すべての投資家がその分析法を使うことになると、ある矛盾が生まれます。

それは、「誰も儲けられない」という矛盾です。

株式市場は、損する人がいなければ、得する人は現れないからです。

日経平均予測は投資ではなく、ギャンブル

来月の日経平均株価が「上がるのか、下がるのか」は誰にもわかりません。わかるとしたら、神様だけです。

私は神様ではないので、日経平均株価を当て続けることはできません。だから私は、日経平均の予測はしていません。あくまで、「この会社は、伸びるか、伸びないか」という予測をしています。

私の仕事は、マーケットの宇宙の中から、長期的に利益が上がると思われる会社（＝成長企業）を探し出すことです。

ひとつひとつの会社が、「成長するのか、しないのか」を予測することは、神様でなくてもできます。もちろん、伸びる会社を見つけることはたやすくはありませんが、日経平均を予測するよりは簡単です。なぜなら、長期的に見ると、**「営業利益と株価は、ほぼ一致する」**からです。

左ページのグラフは、「ダイハツ工業株式会社」の２００２年から２０１２年までの営業利益と株価をまとめたものです。

日経平均の動きが、明日上がるか下がるかは、誰にもわかりません。

ただよく見てください。長期的に見ると、企業の利益の伸びと株価は同じ動きをしていることがわかります（現在上場している約３５００社、すべてが同じ動きをする）。

つまり、営業利益と株価は、高い相関関係があるということがいえます。

図4　ダイハツ工業株式会社の営業利益と株価

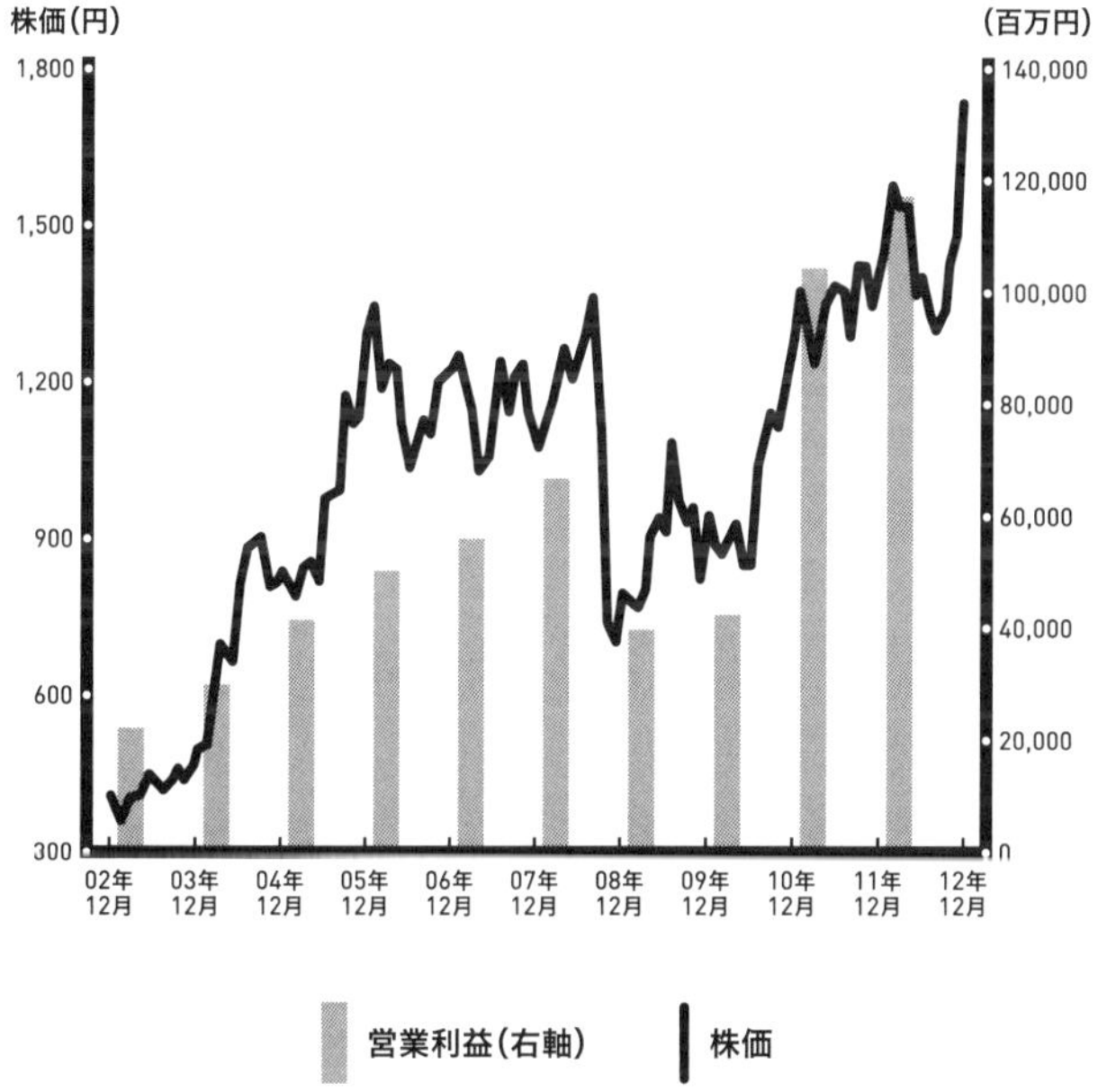

営業利益と株価は、ほぼ一致する！

お客様を3倍に増やして営業利益が3倍になったら、株価も3倍になります。反対に、営業利益が3分の1になれば、株価も3分の1になります。

私たちがフォーカスしなければいけないのは、**日経平均の動きではなくて、「個々の会社の利益」であり、「この会社は伸びる可能性があるか」**です。

株価の動きは気まぐれなので、相場の短期的なトレンドを当て続けることは、不可能でないかもしれませんが、困難です。株式投資を「ジグザグした動きを見極めるマネーゲーム」としてとらえる人もいますが、私は違います。**日経平均の動向で株の売り買いをするのは、投資ではなく、ギャンブル**です。

投資とは、「未来にエネルギーを投入して、未来からお返しをもらうこと」だと考えています。「長期的に利益が上がる会社を応援する」ことが、投資の本来の目的なのです。

POINT

株式投資は日経平均の動きではなく「会社の伸びる可能性」に注目する

③ 投資が難しいのは「会社はグチャグチャで社長がウソつき」だから

投資は、日経平均の先行きを占うギャンブルではありません。売買のタイミングを相場の方向性ではなく、「成長する会社を見極めて」決めるのが投資の本質です。

しかし、成長する会社を探すこともまた簡単ではありません。

なぜならば、**「会社はグチャグチャ」**で**「社長は嘘つき」**だからです。

では、どうすれば「成長する会社」を見つけることができるのでしょうか。

原則として私は、社長に会って、投資をするかどうかを決めています。私が知りたいのは「トップに立つ経営者がどのように現状を認識し、どんな経営戦略を持っているか」です。

会社の成長は、大部分は、社長で決まります。経営理念やビジョンを話すときに目を輝かせる社長は、信頼できます。トップが情熱を傾けない事業に、成功の芽はありません。

ところが困ったことに、社長に話を聞いたからといって、必ずしも会社の真実が聞き出せるわけではありません。なぜなら、社長の多くは「嘘つき」だからです。

私はこれまで、約６０００人の社長に会ってきましたが、上場を果たした社長には、ある共通点があります。それは、**「社長は、白い嘘つきである」**ということです。

そもそも社長は「嘘つき」である

「白い嘘」とは、ついてもいい嘘のことです。「嘘も方便」という意味に近いでしょうか。

ついてはいけない嘘は、違法性や悪意があるものです。たとえば、結婚する気がまったくないのに、「結婚しよう！」というのは、ついてはいけない嘘。「黒い嘘」です。

一方で、どうしても結婚したい相手がいて、その人に「絶対幸せにするよ！　結婚しよう！」というのは、ついてもいい嘘（白い嘘）です。

プロポーズをするときに、「幸せにしたいと思っているけど、そうはならない可能性もある。夫婦の30％は離婚するというデータもあるので、確率で考えると、もしかしたら離婚してしまうかもしれない。けれど、あなたとは70％の確率でずっと一緒にいられるよ！」と言ったとしたら、どうでしょうか。理屈はそうだとしても、女性は「NO」と言うでしょう。「え、幸せにしてくれないの!!　そこは言い切ってよ！」と思うでしょう。

社長は、白い嘘つきでなければ務まりません。

社員についての評価は冷徹にしながらも、面と向かっては、「君のおかげで会社が回っている。ありがとう」と握手をできる社長は、厳密に言うと嘘つきです。でもそれはつくべき嘘であり、「白い嘘」です。私は、

- 「絶対に成功するんだ」と熱意を語れる人
- 嘘をついていても、そのための努力や献身を惜しまない人
- 成功しない可能性もあるけれど、そこでひるまない人

を応援したいと思っています。

ですが、ファンドマネジャーとしてお客様から資産を預かっている以上、白い嘘にたやすく乗るわけにはいきません。社長がついた白い嘘の中から、「嘘が誠と化すの

か」「確からしさがどこにあるのか」を見抜く必要があるわけです。

多くの社長は、自分の会社を良く見せたいという強い思いから、良い部分を誇張して、悪い部分を過小評価します。

とくに、ビジネスを拡大したいときに、絶対に不利なことは言いません。ですから、**社長の話は「きれいに整理された嘘」**であることを冷静に認識したうえで、情報収集すべきでしょう。

会社は善？　それとも悪？

社員も、社長と同様に嘘をつきます。社員に会社のことを聞いたとしても、それはファクツの一部でしかありません。多くの人たちが少しずつ本当のことを話し、少しずつ嘘をつきます。

みなさんは会社という場所をどのように理解しているでしょうか。

社内を見回してみると、頑張っている人もいるし、頑張っていない人もいます。いじわるな人もいるし、いじわるではない人もいます。真面目な人もいるし、不真面目な人もいます。進んで残業をする人もいれば、寝ている人やサボっている人もいます。外出先から会社に戻るときに気が重くなって、山手線を何周もしたり、カフェで時間をつぶしたりした経験はあなたにもありませんか。

私が考える「会社」とは、悪いところがひとつもない完璧無比なものではありません。善も悪も、両方含んでいるものだととらえています。

「営利のためなら社員の犠牲も厭わない。だから会社は悪である」とか、「社会に貢献し、人々を豊かにする。だから会社は善である」という、「善か悪か」の二元論で考えることは私にはできません。

会社は、善でもあるし、悪でもあります。

会社は、美しくもあり、汚くもあります。

会社は、情熱、努力、資金、嫉妬、賞賛、サボり、善悪など、すべての要素が混じり合い、絡み合い、溶け合って、「グチャグチャしている」ものなのです。

なぜ私が会社論を語ったかというと、**「成長する会社」を見極めるためには、「会社は、善でもあり悪でもある」「会社には、嘘も、真実も両方ある」ということを受け入れることが大前提になるからです。**

そのことがわかっていないと、目が曇ってしまい、物事をフラットにとらえることができません。

会社の成長という未来を見通す投資家になるためには、「本音と建前」の世界について理解しなければなりません。会社や社会への理解が深ければ深いほど、投資家としての成熟度も上がり、リターンも上がります。

会社の価値は、会社を取り巻くすべての人たちの思惑と行動で成り立っています。ですから、**安定した投資家として勝つためには、「人間に対する理解」が不可欠です。**グチャグチャしたものの中から、「どれが会社の真の姿なのか」を想像し、「確からしさ」を求めていくことが私の役割です。それはとてもむずかしいけれど、だからこそ知的で、エキサイティングな仕事なのです。

POINT

会社を取り巻く「本音と建前」を受け入れる

④「全力を尽くす」こそが最強の武器である

約３５００社の中から、成長する会社を予測する。社長と社員のつく嘘と真実を見極める。敵を撃破しながら、自らのファンドを形成する。

それが投資の世界です。

「敵」とは一体何者でしょうか。

私が運用している「ひふみ投信」の前には実は、「３つの敵」が立ちはだかっています。

●第１の敵…定期預金

定期預金の金利はそれほど高くありませんが、「ひふみ投信」がパフォーマンスを上げられなければ、定期預金にさえ負けてしまいます。

・第2の敵…ライバルファンド

マーケットという宇宙の中で、ライバルもファンドを形成しています。お客様に「ひふみ投信を持っていてよかった」と思っていただくためには、彼ら以上に安定した実績を上げなければなりません。そのためには、ライバルファンドよりも早く正確に、「成長が期待できる会社」を見つける必要があります。

・第3の敵…インデックス（平均株価指数）

市場全体の動きにも目を配らないといけません。日経平均株価やＴＯＰＩＸを上回る成績が求められます。

では、どうしたら、「会社の成長を予測し、敵と戦い、嘘を見抜くこと」ができるのでしょうか。そのための方策は、ただひとつ。

「全力を尽くす」

「全力を尽くす」といっても、「死に物狂いになる」とか、「気力を振り絞る」とか、「物事に懸命に取り組む」という精神論とは、少し違います。

私の考える「全力」とは、

「自分が持っているすべての能力、知恵、経験を出し尽くす」

ことです。五感（視・聴・味・嗅・触）はもとより、直観、運、インスピレーションの「六感」さえも惜しみなく動員することが「全力を尽くす」だと思います。すべてに意識を巡らすこと、とも言えるでしょう。

なぜ私は「投資バカ」と呼ばれるようになったのか

全力を尽くして考えて、全力を尽くして決断し、全力を尽くして挑戦しなければ、真実を見つけることも、未来の可能性を見いだすこともできません。

だから私は、洞察力、決断力、リスクマネジメントといった、本書でお伝えするさまざまな力を使って、予測できない未来を、そして、善悪併せ持つ人の心を見ています。

ファンドマネジャーであれ、職人であれ、サラリーマンであれ、プロフェッショナルの仕事とは、**「全力を尽くして、お客様を満足させること」**だと私は考えています。

そして、目の前のタスクに対して全力投球できるようになったとき、自分のやるべきことに対して夢中で入れ込み、真摯に、一途に取り組めるようになったとき、その人は周囲から、敬意を込めて……

「〇〇バカ」

と呼ばれるのではないでしょうか。

新卒で野村投資顧問に入社した当時、会計も、財務も、金融もわからない無知な私は、「ただのバカ」でした。

「ただのバカ」だった私が、情熱を持った**「投資バカ」**に変われたのは、

「どのタイミングで株を買い、どのタイミングで売れば、運用益が出るのか」

「成長する会社と成長しない会社をどのように見分ければいいのか」

「予期せぬ事態に見舞われたとき、どうやってリスクを回避すればいいのか」

「どうすれば、明るい未来をつくることができるのか」

を全力で考え、実践してきた結果です。


不透明な時代でも確実に結果を出すためには、「全力を尽くす」ことが大前提です。その結果、私は投資における７つの武器を手にすることができました。次の章からは、「投資バカの７つの武器」を、みなさんに１つずつシェアしていきたいと思います。

POINT

投資バカは、どんなときでも「全力を尽くす」

第1章

洞察力

マーケット感覚を養うなら、
専門知識よりも街歩き

5 人は「主観の牢獄」から逃れることができない

自分の主観や偏見を含まない「意見」はありません。

私たちは「主観の牢獄」に囚われていて、残念ながら、そこから逃れることができません。**すべての意見は「主観」であり、「偏見」です。**

観察者の性別、年齢、職種、立場、環境、教育、関心、DNAなどに左右されます。投資をするときに、このことは頭に置いておかなければならない事実です。

アメリカのミシガン大学、リチャード・ニスベット特別教授と、カナダのアルバータ大学の増田貴彦准教授は、1枚のイラストを使った共同実験を行っています。

イラストには水中の様子が描かれていて、大きな魚が3匹、小さな魚が2匹、泳いでいます。そのほか、カタツムリやカエルの姿も見えます。

このイラストを見た日本人被験者たちのほとんどは、イラストを「湖（もしくは池)」と答え、対照的にアメリカ人被験者の多くは、「3匹の大きな魚」と表現したそうです。

日本人はイラストの全体像をとらえ、アメリカ人は、イラストの中でもっとも際立っている魚のみに注目していたわけです。

文化が違えば、同じ絵を見ても、とらえ方が変わる良い例です。

研究者たちは、「日本人は全体を重視し、アメリカ人は個を重視する傾向がある。両者に顕著な違いが見られたのは、文化的背景が大きい」と考えています(私の推測ですが、さらに細かく検証していけば、日本人被験者の中でも、細かな意見の相違が見つかるのではないでしょうか)。

見ている情報は断片でしかない

投資も、同じです。私たちが観察している情報は、断片でしかありません。**投資は、断片の情報から全体のピースを埋めていく作業です。**さまざまな情報から「確からしきもの」を推測していくことが投資のおもしろさです。

たとえば、数人の人に目隠しをしてもらい、「ゾウ」を触ってもらったとします。すると、全体が見えないため、お腹を触った人は壁だと思い、耳を触った人は扇だと思い、尻尾を触った人はロープだと思うかもしれません。断片しかわからないので、自分の触ったものが「ゾウ」だとわからないのです。

人間は「自分は正しい」という前提で主張しがちですが、部分を見ているだけでは、全体を正しく評価することはできません。投資にも、同じことが言えます。

私たちが見ている情報は、断片でしかありません。投資は、断片の情報から全体のピースを埋めていく作業です。さまざまな情報から「確からしきもの」を推測していくことが投資のおもしろさであって、そもそも、「嘘をつかれた」とか「騙された」というのは、未熟な議論だと思います。

アナリストの意見はなぜ分かれるのか

ですので、ひとりの社長の意見を2人のアナリストが同時に聞いた結果、「買い」と「売り」で意見が分かれることも珍しくありません。

同じ話を聞いているのに正反対の判断を下すのは、「主観」が加わっているからです。世界は、観察者の数によって決まります。

１００人の観察者がいたら、１００の世界があります。

自分の意見が必ずしも正しいとはかぎりません。自分の意見は、あくまでも「ひとつの意見」です。

株式市場における会社の評価もまた、市場に参加する人の主観と偏見によって成り立っています。

「あの会社はいい会社だ」「あの会社は、右肩下がりだ」……。

ですが、参加者が見ているのは、会社の一部でしかありません。そこにはまだ、「見えていない真実」がたくさん転がっているのです。

人間は「自分は正しい」という前提で主張しがちですが、部分を見ているだけでは、全体を正しく評価することはできません。まずそのことを頭に入れておいてください。

POINT

断片を集めて、全体像を正しく評価しなければならない

⑥ 客観的な視点は存在しないと心得る

「株式市場では、客観的な視点で物事を見ることが大切である」
「主観的な判断は偏っている」

投資の情報収集というと、そんな見方が一般的ですが、本当にそうでしょうか。私は、「違う」と思います。

そもそも、この世の中に**「客観的な視点」は存在しない**と思っています。

以前、森林学者の友人とドライブをしていたとき、彼が「さっき、スダジイ（ブナ科シイノキ属の常緑高木）の森があったよね」と言ったことがありました。

しかし私は、どこにそんな森があったのか、さっぱりわかりません。

私には植物の知識がないため、目の前にどんな種類の木があっても、どれも同じ

「木」です。「スダジイ」と言われても、見当がつきません。

けれど、森林学者の目に映る木は、すべてに名前が付いているのです。

「スダジイの森」が彼に見えるのは、知識と関心が「ある」からです。「スダジイの森」が私に見えないのは、知識と関心が「ない」からです。

私がドアノブの指紋に気づいた理由

私たちは選択的に情報を得ていて、「関心があること」しか見えていません。**同じ風景を見ていても、脳内の風景はまったく違う**のです。

「レオス・キャピタルワークス」の開所式の日（2003年4月）、私はあるものに目が留まり、気になってしかたありませんでした。

それは、「ドアノブについた指紋」です。前職のオフィスでは、ドアノブの指紋が気になったことなどありませんでした。なぜ気が付かなかったのでしょうか。

それは、自分の所有物ではなかったからです。

しかし、レオスのオフィスは違います。

自分で設立した会社ですから、ドアノブ、壁、机、すべてに愛着がありました。だから私は、ドアノブの指紋に気が付いたのです。

男性に化粧品の広告は見えない

人間には、主観的な視点しか存在しません。

同じ状況を目の前にしても、性別、年齢、職種、立場、育った環境など、さまざまな要因によって、「見え方」が変わります。

鞄に興味がある人は、他人の鞄が気になります。

女性には当たり前のように目に入る化粧品の看板が、男性にはまったく見えません。

釣り具がほしいと思っている人には、釣り具の広告が見えます。でも釣りに興味がない人は、釣り具の広告があったことすら気づきません。

人によって、見えたり見えなかったりするのは、持っている知識の量や関心の度合いが違うからです。

物事を観察するときは、

「見えている景色は、人それぞれ違うこと」

「自分が見えている景色とは、別の景色があること」

を常に意識することが大切です。

人が見ている世界は、その人の主観によって、少しずつ異なっているのです。

投資を決めたり、銘柄を選んだりするときも同じです。どの情報を選択するかは、その人の癖、経験、意志、願望、期待、価値観、偏見などによって決まる。そのことを知っているかどうかで、物事の判断の多くは変わってくるはずです。

POINT

「客観的な視点」という意識を捨てる

⑦ 情報の正しさを見極める「素直力」

私は以前、社内ミーティングで、こう言いました。

「投資家の期待を裏切ってしまった銘柄の復活があるかもしれない。昨年に叩かれた銘柄も偏見を持たずに見ていこう」

「偏見を持たずに見ていこう」と言ってはいますが、厳密に言えば、「人は偏見を捨てることはできないし、自分の意見も一部でしかない。そのことを認めたうえで、フラットに、素直に銘柄を見ていこう」という意味になります。

投資の成功のカギを握っているのは、**主観を持ったまま、いかに会社を素直に見るかということです。**

私が投資の仕事をしはじめた頃、インタビューにうかがったある社長の部屋に、松下幸之助さんからいただいたという「色紙」が飾られていました（当時はまだ、松下幸之助さんはご存命でした）。

色紙に書かれてあったのは、

「素直」

の2文字です。この色紙を見たとき、私は失礼ながら、

「松下さん、歳を取ってボケちゃったのかな」

「社長に逆らわない従順な社員がほしいなんて、イケてないな」

「松下さんほどの経営者が、なんて単純なんだ」

とあきれてしまったのです。

ところが、イケていないのは、私のほうでした。

松下幸之助さんが掲げた「素直」の2文字は、誰かに従順であることを示していたのではありません。松下さんは、「素直」を次のように解釈しています。

「何ものにもとらわれず、物事の真実、何が正しいかを見極めてこれに従う心の姿勢である。素直になる努力を重ねよう。素直を深く極めるならば人間は強く正しく聡明になり、限りなく成長することができる」(『松下幸之助 成功日めくり』ＰＨＰ研究所)

松下幸之助がたどり着いた境地

「素直」とは、自分の目と自分の心で、「何が正しいか」を見極めることです。ところが、「素直」になるのは、むずかしい。

なぜなら、私たちが主観の牢獄の中にいる以上、自分ひとりの視点では、「何が正しくて、何が正しくないのか」を判断できないからです。

松下幸之助さんが最後に到達した「素直」という境地は、決して低水準ではありません。

投資家として、フラットにマーケットと会社を見極めるためには、「素直」に物事を見るべきです。「主観から逃れることはできない」という宿命の中で、**主観から離れる努力**をしなければなりません。

では、どうすれば素直になれるか。「素直」にマーケットを見るために、私は、次の3つの習慣を心がけています。

マーケットの本質を見抜く3つの習慣

①他人の目になりきる

「自分はどう思うか」ではなく、「相手はどう思うか」をイメージできれば、主観とは別の視点で物事を観察できます。

②関心事を増やす

関心事が増えれば、それに比例して、インプットする情報量が増えます。

③物事を複合的かつ立体的に見る

マーケットにおける経験、人生における経験、会社における経験を積むほど、断片の情報から全体を埋めていくことができます。

POINT

正しい情報を見抜くためには、「素直な心」を身に付ける

8

マーケット感覚を磨く習慣①

他人の目になりきる

経済学者のジョン・メイナード・ケインズは、『雇用・利子および貨幣の一般理論』の中で、**株式市場における投資家の行動を「美人投票（ビューティーコンテスト）」**にたとえています。

「玄人の投資は、投票者が100枚の写真の中からもっとも美しい6人を選び、その選択が投票者全体の平均的な好みにもっとも近かった者に賞品が与えられる美人投票に見立てることができる」

というのです。簡単に言うと、「自分が美人だと思う人に投資をするのではなく、みんなが美人だと思う人を当てなければいけない」ということです。

「多くの人が美人だと思う人を探す」ためには、「自分の考えは置いておいて、世の中や相手がどう思うか」を考える習慣を持つことです。自分が美人だと思っても、多くの人が美人だと思わなかったら、評価されない。つまり、自分の主観が多くの人の価値観と違っていたら、株式市場では成功できません。**「自分がどう思うか」よりも、「多くの人がどう思うか」**を考えることが大切なのです。

なりきりゲームで「美人投票」を勝ち抜く

私は、パネルディスカッションの司会者を頼まれることが多いのですが、その理由は、相手の立場に立ってモノを考えられるからだそうです。

私が、「討論の参加者が何を考え、何を話したいのか」「会場にいる観客が何を求めているのか」「どのような話題を提供すれば、観客が喜ぶのか」にフォーカスできるのは、日頃から「自分の考えは置いておいて、世の中や相手がどう思うか」を考える習慣を持っているからです。

「多くの人がどう思うか」を考える手がかりとして、私は**「なりきりゲーム」**をすることがあります。

「このような状況のとき、仙台在住の20代・未婚OLだったらどう考えるかな」
「では、山梨で果樹園を営んでいる70歳のおじいさんだったら、どう考えるか？」

たくさんの人物になりきることで、「全体の意見としては、こうなるのでは」とイメージできるようになります。

なぜ「ドン・キホーテ」は過小評価されていたのか？

１９９６年に、総合ディスカウントストアの**「ドン・キホーテ」**が株式公開をしました。上場当初、多くのファンドマネジャーやアナリストは、「バッタもんみたいなものばかり売っているし、店舗もごちゃごちゃしていて、清潔感がない」という理由で、低評価を下していました。

その頃、流通を担当するアナリストのほとんどが女性でした。しかも、高級百貨店で買い物をするような裕福な環境で育った女性が多かったため、「ドン・キホーテ」の店づくりが理解できなかったのでしょう。

その結果、「業績は成長してはいるけど、それもいつか止まるだろう」と否定的に考えた。彼女たちには、**「消費はクリーンな場所で、安すぎない適正な価格で行われなければならない」という偏見があり、偏見によって、「ドン・キホーテ」の将来性が正当に評価されていなかった**のです。


一方、私は「ドン・キホーテ」を「レジャーランドの一種」ととらえていました。「ドン・キホーテ」には、他店にはないエンタテインメント性があります。目的なしに深夜にブラブラ立ち寄ったり、友だちと遊びに行けるワクワクする場所に見えたのです。

私は「ドン・キホーテ」を評価し直しました。

すると5年後には、売上も、利益も、株価も大きく上昇しました。

私が偏見やバイアスから抜け出して、「ドン・キホーテ」を素直に評価できたのは、たくさんの人に会って、イメージの幅を広げて、「自分がどう思うか」ではなく、「ドン・キホーテに来るお客様はどう思うか」を考えることができたからです。

「ＶＴホールディングス」も評価者の主観と偏見によって、過小評価されていた会社です。

この会社は、ホンダや日産など、幅広いメーカーの新車や中古車を扱うカーディーラーです。

「ＶＴホールディングス」の株は、安く放置されていました。なぜなら、評価者の多くが「中古車を売っても利益が出ないだろう」「新車ディーラーはもう成長しないだろう」という偏見を持っていたからです。

ところが現在では、「毎週価格を下げ、最安値で販売する」「価格交渉はしない」といった独自の販売戦略で利益を伸ばしています。収益の約40％を点検・修理などのサービスが占めるなど、収益基盤が手堅いのが強みです。

マーケットには、たくさんの人がいます。

だからこそ、いろいろな場所に出向き、いろいろな職業の人と対話をし、コミュニケーションを取る。いろいろな価値観に触れて、「何が評価され、何が評価されないのか」を丁寧に観察する必要があります。

偏見は捨てられません。けれど、「多くの人がどう思うか」をイメージすることができれば、「素直な心」に近づくことができるのです。

また多くの人が偏見に縛られているからこそ、短期的に過小評価される会社が出現します。言い方を変えれば、**「他人の偏見は収益の基」**でもあるのです。

POINT

投資は美人投票。「自分が」よりも「多くの人が」どう思うかを考える

9

マーケット感覚を磨く習慣②

関心事を増やす

人間は、関心がないことは見えないようにできています。ですから「関心事を増やす」、もしくは「知らないことでも知ろう」という意識を持つだけで、見えないことを少なくすることができます。

偏見が、一部の情報から生まれるのであれば、複数の情報源から多面的に情報を得て、関心があることを増やす必要があります。

私が日常的にチェックしている情報源は、次の「３つ」です。

①新聞（日本経済新聞）
②SNS
③街（街歩き）

投資のプロはどこから情報を得ているのか

①新聞（日本経済新聞）

3、4年前、私は「ネットだけでも有益な情報が取れるのではないか」と考え、日経新聞の購読をやめていました。しかし現在は、紙・電子版の両方で購読しています。情報をバラバラに取ることよりも、ひとつのメディアがまとめた情報に目を通すことのほうにバリューを感じているからです。

ネットは「自分の好きな情報を選べる」という検索性には優れていますが、だからこそ、情報が偏ってしまうことがあります。

一方で新聞は、あまたある社会の情報を満遍なく掲載してあるため、網羅性が高いのが特徴です。

「ネット上の細切れの情報を細切れの時間で得る」のと、「毎日一定の時間を使って新聞を読み込み、昨日の出来事を網羅的に得る」のでは、あきらかに後者のほうが**考えるクオリティ**が上がります。

さらに私は、日経の電子版と「Evernote（エバーノート）」（インターネットを利用した情報保管サービス）を連携させています。

自分のエバーノートに記事を保存したり、作成したメモの中から、記事に関連するものを自動的に表示できるため、情報管理がとても快適になりました。

②SNS

SNSでは、フェイスブックやツイッターで情報発信するキュレーター（専門知識を持つ識者／マーケットリーダー）をチェックして、その人たちのコメントを見るようにしています。

キュレーターの意見が「正しいか、正しくないか」は、実は関係ありません。

私は、何人かのキュレーターをフォローしていますが、情報としては、「意見が確定しているニュース」よりも、「キュレーターの意見が分かれるニュース」に価値の高さを感じています。

「A」という出来事に対して、「肯定」と「否定」に意見が割れたとき、「誰がどういう考えなのか」を見たり、「では、自分はどちらの立場なのか」を考えたりすることが大切です。

一方で、キュレーターだけでなく、さまざまな人をフォローしていて多様な投稿を読んでいます。それは「共感」という軸ではなく、**幅広い人の考え方を知るのに非常に好都合**だからです。というのも、フェイスブックやツイッターとは、それぞれの人が自由に、好き勝手に意見を書いている場です。多くの人をフォローするだけで、それらの多様な考えをタダで手に入れることができるという貴重な場でもあるのです。

③街歩き

「街を知る」ことは、とても重要です。「街」は情報の宝庫です。

私がレオスの社員に「とにかく外に出ようぜ」と言っているのは、マーケットの真実は、街（現場）を見ないとわからないからです。

どの年代の人が、どんな服を着て、どんな靴を履き、どんな鞄を持って、どんなヘアスタイルをして、どんな表情をしているのか。その街にどのような商業施設が立ち、どのようなお客様が、どれくらい入っているのか。

五感を働かせて観察すれば、近所の商店街にさえ、投資につながる情報が落ちています。

決算書の数字は、ワンテンポ遅れた情報であって、リアルタイムで会社の状態を表しているわけではありません。

マーケットの「今」を知るには、自分の足でフィールドを回って、街の雰囲気を肌感覚で理解することが大事です。

私が2014年に「守備的な投資戦略」をして結果を出したのは、「街をよく観察した」おかげです。

2013年の12月は、どの街も人出が多くて、タクシーもなかなかつかまらない活況な状態でした。ところが、年が明けて2014年に入ると、街が「ひんやり」しはじめました。タクシーはすぐにつかまる。繁華街に人がいない。歩く人の表情に元気がない。レストランが空いている……。私が街を歩いた印象では、「少し景気が悪化した」と思えたのです。

エコノミストは楽観していましたが、私は警戒感を持った投資戦略を考えました。

消費税増税前の駆け込み需要は、節約の一種です。消費者は年明けから節約モードになっていて、買い物を控え、消費を縮ませていたわけです。

個人だからこそプロに勝てる方法

「素人の投資家は、投資のプロには決して勝てない」

そう思い込んでいる人がいます。

たしかに専門知識はあったほうがいいですし、プロに情報が集まってくるというのは、その通りでしょう。しかし、投資で結果を出すために本当に必要なことは、専門知識ではなく、実践力だと思います。

街を歩いたとき、どこまで対象を観察し、他人の目で考えられるか。

そうすることで、ドン・キホーテのようにプロの投資家が見落としている成長株を見つけることができるのです。

とはいえ、ぼんやり街を歩いても効果はありません。「街歩き」のポイントも紹介しましょう。

【街歩きのポイント】

・大手家電量販店を定点観測する

同じ店を観察することで「違い」がわかります。2、3カ月に一度でいいので、家電量販店の各フロアをぐるっと回ってみましょう。すると、「お客様がどれくらい入っているのか」「どんな商品があるのか」「何が売れて、何が売れていないのか」がわかります。

・話題の店に行ってみる

たくさんのお店を知れば知るほど、比較対象の幅が広がるので、情報の偏りが少なくなります。

・電車やバスの車内で、乗客を観察する

中刷り広告、車内にいる人の服装や持ち物、車窓の変化など、移動中でも情報を集めることができます。

・聞き耳を立てる

松任谷由実さんは「若い女の子のリアルな会話を聞くために、ファミリーレストランで聞き耳を立てていた」そうですが、私もそれに近いことをしています。漁師の会話、駅員同士の会話、百貨店の店員とお客様の会話など、いろいろな場所で、いろいろな人たちの会話に聞き耳を立てています。

マーケットは個々の人間そのものですから、聞き耳を立てることによって、マーケット全体の傾向を知る手がかりが見つかります。

・写真を撮る

カメラで人や対象物を撮ることで、今まで見えなかったものが見えるようになり、結果的に観察力を身に付けることができます。

尊敬する写真家の青山裕企さんは、著書の中で、「写真を撮ると、世の中がもっとカラフルに見える」とおっしゃっています。「写真を撮ろう」という意識を持てば、「何かいいものはないか、美しいものはないか、おもしろいものはないか」を探すようになって、世の中の見方が変わります。

私は「今日は丸いものを撮ろう」「四角いものを撮ろう」とテーマを持って写真を撮ることがあります。すると、「丸いものを探そう」「四角いものを探そう」というスイッチが入って、世の中の見方が変わります。そして、「あの被写体も、見方によっては丸に見える」「こんなところに四角が隠されていた」と新しい気づきを得ることができます。

私は「写真撮影」と「株式投資」は似ていると思っています。

「写真」は「真実を写す」と書きますが、私は「photograph」の誤訳だと思っています。本当なら、「photo＝光」、「graph＝画」で、「光の画」と呼ぶべきです。

私も趣味で写真を撮りますが、写真は「光の画」を創る作業だと考えています。同じ人物を撮影するときでも、角度や光や微妙な顔の表情で、別人のように写るときがあります。

写真は、被写体を光の画で表現する作業。そして投資は、観察対象である会社（被写体）を株価という数字で表現する作業です。

写真撮影は光で像を結ぶのに対し、株式市場は最終的にあらゆる価値を数字で表現しています。いずれも重要なのは、**観察対象に対する深い洞察と観察**なのです。

POINT

マーケット感覚を養うために、足を使う。肌感覚で理解する

⑩

マーケット感覚を磨く習慣③

物事を複合的かつ立体的に見る

誰もがみな、「生まれてから現在までの経験」に基づいた考え方をしています。

したがって、「その人がしてきた経験」によって、ものの見え方はどうしても左右されてしまいます。過去の経験が今の自分をつくっていますから、過去の経験を基にした考え方しかできません。

であれば、**ものの見方を変えるには、変に見方を変えようとするのではなく、「経験」のほうを変えてしまえばいい**のです。

では、「経験」とは、一体何からできているのでしょうか？

経験のほとんどは、「食べたもの」と「会った人」と「読んだ本」によって形成されていると私は思います。

私は、自分が食べたものについて、ライフログを記録しています。

食事をするときは人と会っていることが多いので、会った人の記録と食べたものの記録を取ることは、「自分の人生」を振り返ることにつながります。

人間観察のセンスは、「読書」で養う

私は父親にすすめられ、小学3年生の頃から、夏目漱石、森鷗外、トルストイ、スタインベック、トーマス・マンといった、古今東西の名作を読みはじめました。父が用意した本は膨大で、200冊はあったと思います。

小学3年生から中学2年生まで、同じ本を何度も読み返し、『戦争と平和』も『魔の山』も『静かなドン』も、5回は読んでいます。

はじめは理解できなくても、何回も再読をしていると、「歴史とは何か」「国家とは何か」「生きるとは何か」といったことが、だんだんわかってくるようになりました。

「自分が読みたい本」だけを読んでいると、「読むべき本」を無意識に排除してしまうことがあります。私の場合は、「興味のある、なし」にかかわらず200冊の本を読まされたおかげで、どんな本からでも、興味のポイントを見つける力が身に付きました。

このときの読書経験が、今の私の力になっています。人間観察についての感性は、この頃の読書で磨かれた部分が大きいからです。

インプットを意識的に変えてみる

右、左、中間のどれか1点に立って物事を見ても、それはひとつの視点でしかありません。ひとつの視点で見ているうちは、物事の本質は理解できないでしょう。

もっと視点の数を増やして、右からも左からも、上からも下からも、斜めからも観察をして、物事を立体的にとらえることが大切です。

視点を増やしていけば、社会がさまざまな年齢や職業、立場を持つ男女から成り立っていることがわかります。健常者だけでなく、病気を患《わずら》っている人も、障がい者もいる。それぞれを知ろうとすることが、あらゆる考え方に対する理解につながるのではないでしょうか。

私は、あらゆることに関心があります。

クラシック（ピアノ、フルート）、社交ダンス、テニス、トライアスロン、野球観戦、カメラなど趣味も幅広く、好奇心が旺盛です。さまざまな趣味を持ったおかげで、私の視点はずいぶん増えました。

とくに、トライアスロンは、私の価値観を大きく突き崩しました。それまでの私は、「数字、数値、成績」という、たったひとつの視点しか持っていませんでした。

ですが、トライアスロンを経験したおかげで、新しい視点が増えました。

「たとえ記録がビリでも、大きな感動を手にできる」ことがわかったのです。

これまでの人生の中で自分がしてきた経験を、捨て去ることはできません。ですが**「別の経験」をインプットすることはできます。**

たくさんの経験を積み、経験値が上がれば上がるほど、思考の幅を広げることができるはずです。新しい経験を自分の中に取り入れることができれば、新しい視点で物事をとらえられるようになるでしょう。

POINT

本質を見るためには、インプットを変えて、視点の数を増やす

第2章

決断力

決断とは、やらないことを捨てること

⑪ 人生は「決断」の連続である

「どの株を買えばいいのか、決められないんです」
「投資をしなきゃと思ってるんですけど、決めるタイミングがなかったんです」

投資に関して、決断力は不可欠な力と言えるでしょう。

「決断」という漢字には、「断つ」という意味が含まれています。「決めて、断つ」のが決断です。

何かを「決める」ためには、選ぶものと選ばないものを分けて、後者を捨てなければなりません。

決断とは、「しないことを決めること」だと、私は考えています。

日本株は約3500社ありますが、すべての株を持つことはできません。

「3500社の中からどの会社の株を、どの比率で持つか」を決めるわけですが、仮に100社選んだとしたら、残りの3400社は『捨てる』ことになります。

無限の可能性の中からひとつの可能性を選び、残った他の可能性を捨てる。これが「決断する」ということです。

必ず失うものがあるのが決断

人生は「判断」の連続です。

人生は「決断」の連続です。

A社、B社、C社の3社を比較検討して、「どの会社が良くて、どの会社が悪いのか」を見極めるのが「判断」です。

そして、「A社に投資しよう」と決め、「B社とC社を捨てる」のが「決断」です。

A社の株を購入したら、手元から投資した分のお金がなくなります。つまり、**「必ず失うものがある」のが決断**です。

- 判断…比較をして、価値を見極めること
- 決断…必要なことを選び、残りを捨てること

「自分では物事を決められない人」や「人に頼ってしまう人」は、「自分には決断力がない」と考えていますが、そうではありません。

「自分で物事を決められない人」は「自分で決めない」という決断をしています。

「人に頼ってしまう人」は、「人に頼る」という決断をしています。

「決断しない」のも、その人の決断です。

「決断しない人」は、「決断をしない」という決断をしている。

そのことに気が付くことからすべてがはじまります。

決断とは手放すこと

「リスクが怖いから、投資をしない」という決断は、「リターンを得る機会を捨てる」ことと同じです。

投資においても、決断をするときは、

「まずは何を捨てるのか」

「何を手放すことになるのか」

を考える必要があります。

仕事においても、人生においても、同じはずです。

何かを決めるときには、何かを断つ覚悟が必要だし、その覚悟がなければ、その決断は良い結果にはつながらないでしょう。

捨てられない人は、決断できない人です。「あの会社も、この会社もいい」では、いつまでも決断できません。

断つこと、捨てること、あきらめること、手放すこと。

それが、決断の本質です。

POINT

「投資をしない」は「リターンを得る機会を捨てる」決断である

⑫
「何を捨てるか」は4つの軸で考える

「決断」とは、ひとつを選び、他を捨てることです。

「何を捨てて、何を残すか」は、次の「4つの決断軸」で考えるとはっきりします。

第1の軸……損得（どちらが得をして、どちらが損をするか）
第2の軸……善悪（どちらが正義で、どちらが悪か）
第3の軸……美醜（どちらが美しくて、どちらが醜いか）
第4の軸……好き嫌い（どちらが好きで、どちらが嫌いか）

多くの人は、この4つの決断軸を持っていますが、どの決断軸を拠り所にしているかは、人によって違います。「損得」が大事な人もいれば、「善悪」が大事な人もいれば、「美醜」が大事な人もいれば、「好き嫌い」が大事な人もいます。

どの軸を優先するかは、決断する人の「哲学」や「スタイル」の問題であって、どの軸が正しくて、どの軸が間違っているということはありません。

レオスの採用基準は「好き嫌い」

みなさんは、どの軸を優先していますか？　私が優先しているのは、

第4の軸……「好き嫌い」

たとえばレオス・キャピタルワークスで人材を採用するとき、私は採用の可否を「好き嫌い」で決めています。

しかし、私にも「損得」で決断していた時期がありました。

私はかつて、採用で「大失敗」をしたことがあります。そのときは、「好き嫌い」ではなく、「損得」で採用を決断していました。

「個人的にはそれほど好きではないし、共感もできない。評判もあまり良くない。だけど、この人は実績を上げているし知名度もある。この人がいれば会社にとって得になる。チームの強化のためには必要だ」と考え、ある人の採用を決めたのです。

ところが、この人の加入はチームを強化するどころか、大きな問題を引き起こしてしまいました。

レオスはこれまでに、一度だけ破産しかかったことがあります。その原因は、運用の失敗でも、営業の失敗でもなく、採用の失敗でした（結果的には、この方に退職していただきました）。

それ以降、人を採用するときは、自分の好き嫌いはもとより、「かつてその人が一緒に働いていた人」の好き嫌いを重視するようになりました。応募者が働いていた会社に電話をかけて、以前の同僚や上司に問い合わせます。このことを「リファレンスをとる」といいます。そして、途中に**「魔法の質問」**を投げかけます。その質問とは……

「あの人のこと、好きですか？」

「好きです」と間髪入れずに返事が戻ってきたら、採用です。少なくとも、３名くらいの元同僚が「好き」と即答した人でなければ、採用はしません。

「好き」と言えるのは、「人格」と「仕事ぶり」の両方を評価しているからです。

相手がためらったり、「いい人だとは思うよ」「まぁ、やり手だよね」と別の表現を使ったとしたら、人格か仕事ぶり、どちらかに問題があります。「いい人だけど仕事はできない」「仕事はできるけれど人格に問題がある」かもしれません。

レオスの雰囲気が明るいのは、あのときの失敗を教訓にして、「好きな人と楽しく仕事をしよう」と私が決断したからです。

「好き嫌いで決めるのは感情的で良くない」と思われるかもしれませんが、消費行動は「好き嫌い」で決まることが多い。クルマを買うときも、携帯電話を買うときも、レストランで食事をするときも、「好き嫌い」です。

「好き嫌い」は、実はとても合理的で高度な決断軸なのです。

POINT

「好き嫌い」で決めることは、合理的で高度な技術

⑬
「相性が合わない」銘柄は捨てる

投資の世界は「決断」の連続です。私たちはお客様から預かったお金をいろいろな会社に投資して、「買うのか」「売るのか」「持ち続けるのか」を毎日決断しています。

もちろん、未来を完璧に予測することはできませんから、常に、お金を失うリスクがともないます。

では、リスクがある中で、ファンドマネジャーはどうやって決断をしているのかというと、最後の最後は、

「エイヤ！」


気持ちを込めて、力を入れて、腹をくくって、勢いよく、「エイヤ！」と決断する。

予想は当たるかもしれないし、外れるかもしれない。だから、最後は気持ちです。

ですが、「エイヤ！」の中にも**「哲学」**を持っていたほうがいいと思います。私の「哲学」は、「好き」であること。「信じられる」こと。「相性が良いこと」です。

投資とは、自分以外を信じることです。自分以外に賭けることです。

相手のことを100％理解することも、完璧にわかり合うこともできません。だからこそ私にとって、相手のことが「好きになれるか」が重要です。「エイヤ！」と思い切れるのは、会社の社長や、社員や、株主のことを信じることができるからです。

失敗から学んだ、ロジックよりも大切なこと

かつて私は、尊敬する投資家の方に、次のようなアドバイスをいただきました。

「藤野クンね、投資では、『相性』がとても大事だよ。相性の合わない社長とか、相性の合わない会社は投資しないほうがいい。儲かると思っていても、相性が合わないとうまくいかないよ」

今でこそ、私も「その通り」だと思っていますが、かつての私は「相性」を無視し

て「損得」に走り、大失敗をしたことがあります。

ある会社に投資をしたときのことです。

この会社の社長にインタビューをしたとき、私は「相性が合わない」と感じました。贅沢なクルマに乗り、社長室が過度に豪華で、自己顕示欲も自己保身も強い。「好きか、嫌いか」と聞かれたら、「嫌い」でした。

それなのに私は、「投資をする」という決断をしました。なぜなら、売上と利益が大きかったから。投資して負けるより、投資しないリスクのほうが怖かったのです。

しかし、私の決断は間違っていました。その後、株価は谷底に落ちるように下がり、結果的に大負けをしてしまったのです。

私は、自分に心底がっかりしました。

「相性が悪い」とわかっていたはずなのに。社長を信じることができなかったのに……。儲けに心を奪われ、「好き嫌い」の決断軸が揺らいでいたからです。「エイヤ！」に哲学を込めなかったからです。それ以降、私は、

「嫌いな会社には投資をしない」
「自分の考えや方針に合わない会社には投資をしない」
「相性が合わない会社には投資をしない」

と決めています。

相性とは、論理ではなく、気持ちです。

その会社へ行くと何となく気分が悪くなる。会社の雰囲気が暗く感じる。商品やサービスを好きになれない。社長はいい人そうだけど、何となく気にかかる……。

私の場合、直感と経験を通して、「なんとなく、この会社とは相性が合わない」と感じたら、その判断はおおむね正しい。だから**「相性」という目に見えない力を頼りにしています。**自分の哲学に合わなければ、たとえ儲けが期待できても捨てる。これが私の決断です。

POINT

ロジックだけでなく、相性という「自分の気持ち」にしっかり耳を傾ける

⑭ 意見が対立しても「折衷案」は選ばない

たとえば会議の場で、「Ａ案」と「Ｂ案」の２つの選択肢で迷ったとき、「折衷案」や「妥協案」を考えるときがあります。２つの意見の真ん中を取った「Ｃ案」をつくるわけです。

ですが私は、**「Ｃ案（妥協案、折衷案）は成功しにくい」**と考えています。

「Ａ案か、Ｂ案か」を議論し尽くし、納得するまで話し合い、どちらかの案を選ぶ（どちらかの案を捨てる）ほうが成功する確率は高くなります。

「レオス・キャピタルワークス」のコーポレートロゴをデザインしたのは、佐藤オオキさんを中心に設立されたデザインオフィス、nendo《ネンド》です。

「nendo」は、２００５年に「ＧＵＮＤＡＭ展」のエキシビションデザインを担当しています。ガンダムをストライプ化して、空間やプロダクトを「色の軌跡」で表現しました。

テディベアにストライプを施した「ガンダムベア」は好評を得ましたが、企画段階では、「どこがガンダムなのか?」とガンダム委員会の反感を買ったそうです。

佐藤さんが「これはガンダムです」と言って、「シャア専用ザクベア」を見せると、「これはガンダムではない。クマだ」と却下されました。

出直すことになった佐藤さんは、どうしたか。

ガンダム委員会にこっぴどく怒られたわけですから、ガンダムベアという案を捨てることもできたはずです。

「ガンダムとは、色の軌跡である」

ですが、佐藤オオキさんは、そうはしませんでした。

なんと「シャア専用ザクベア」だけでなく、「グフベア」「ドムベア」など7種類のガンダムベアを用意して**「これはガンダムです」ともう一度、同じ提案をした。**

すると今度も「何を考えているんだ」と非難された一方で、委員会の一部からは、「おもしろいじゃないか」と好意的な意見が出るようになり、最終的に佐藤さんの案が採用されたのです。

もしも佐藤さんが妥協をして、「ガンダム委員会が気に入るような案」に企画を変更していたら、ガンダム展は成功しなかったかもしれません。

かつて、伊藤忠商事の元会長、丹羽宇一郎さんが、

「役員会で意見が分かれたとき、折衷案を出すと、全員の顔が立つ。全員が満足する。けれど、折衷案が成功したためしはない」

とおっしゃっていましたが、投資の世界でも同じです。

投資は、**「誰かひとり（あるいは数人）の独自のアイデアで決めるほうが成功しやすい」**と考えられています。

いろいろな案をくっつけた折衷案は、クリエイティビティに欠けます。純度が落ちてしまいます。それはアイデアではありません。さまざまな案を検討し、その中からひとつの案を選ぶ（他の案を捨てる）ほうが、成功しやすいのです。

図5　nendoのGUNDAM展の作品「ガンダムベア」

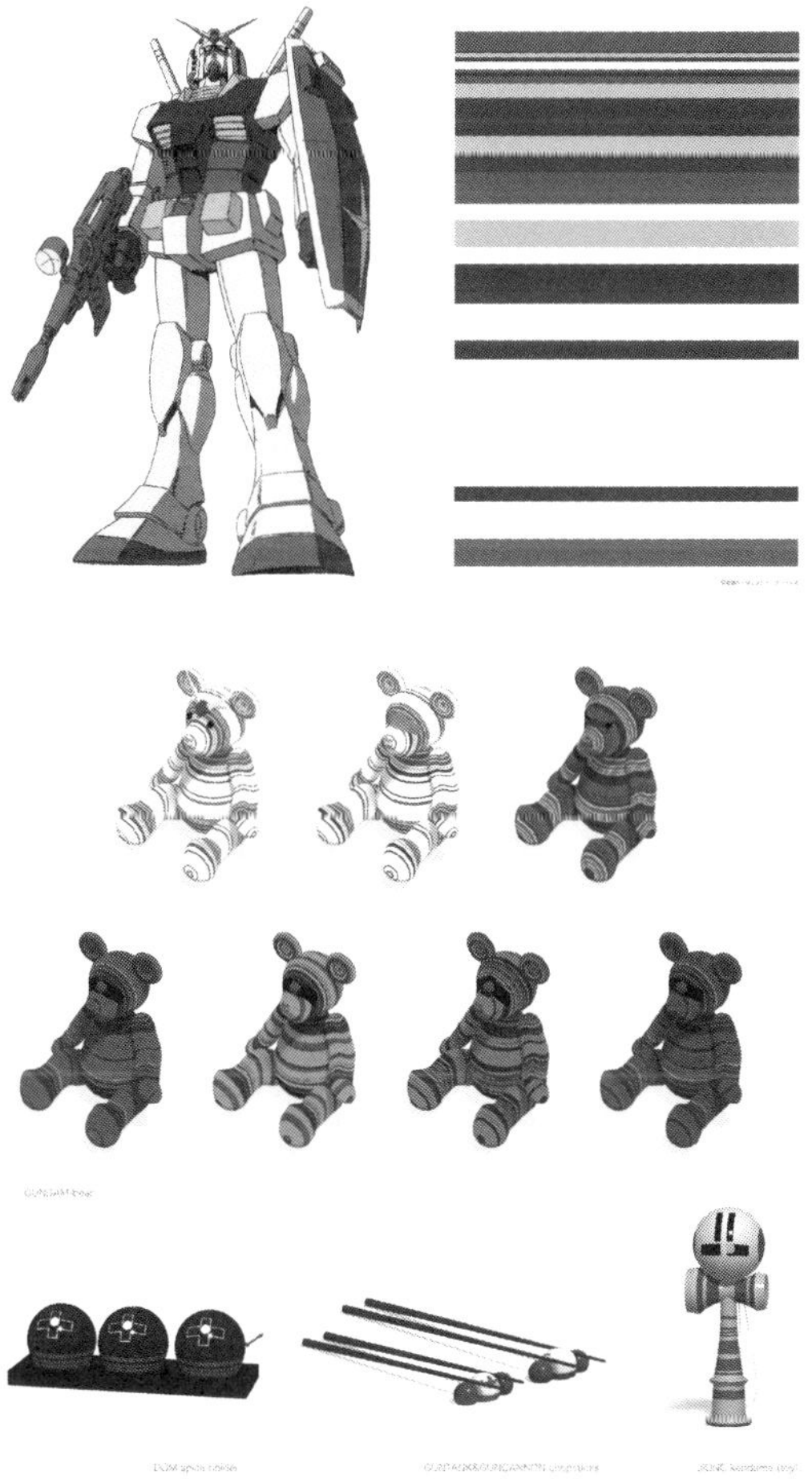

結婚生活を円満に続けるたったひとつの方法

ＣＮＮが、「金婚式を迎えた夫婦」を対象に「結婚生活が長く続いた理由」についてインタビューをしたことがあります。その結果、もっとも多かった意見が「妥協しなかった」ことだそうです。お互いの意見が分かれたときは、喧嘩をしてもいいから納得するまで話し合う。それが結婚を長く続ける秘訣でした。

投資もビジネスも、同じことが言えます。

妥協せずに話し合い、自分の思いを貫いたとき、あるいは、相手の案に心から納得したときに大きく成功するのだと思います。

妥協しない。

徹底的に話をする。

安易な折衷案を取りにいかない。

折衷案は、「誰の意見でもない意見」ですから、その案が採用されても、誰も頑張れないし、命懸けにもなれません。

A案を支持する人と、B案を支持する人の両方の顔を立てるために**「A案とB案の真ん中」を取ったとしたら、それはサボっているだけ。**考えることを放棄しているだけです。

正解は、必ずしもA案とB案の真ん中にあるわけではありません。
正解は、A案とB案を折り曲げたところにあるわけではありません。

私が会社訪問後に最終決断をするときは、「買う」か「売る」のどちらかです。「買う」と「売る」の真ん中はありません。決断の結果は数字となって明確に表れますから、株価が下がっても、言い訳ができません。

だからこそ、「買う」にせよ「売る」にせよ、自分の決断に魂を込める必要があるのです。

POINT

安易な折衷案はサボりと同じ。決めるときは、妥協せずに議論せよ

第3章

リスク
マネジメント

リスク分散とは「好奇心」の分散である

15

リスクとは「クスリ」である

私は大学卒業後に、年金運用で大きく伸びていた「野村投資顧問」（現：野村アセットマネジメント）に入社しました。

入社後、役員の方と食事をしていたときに、「新人の特権は何も知らないことだから、何でも質問していいよ」と言われ、私はこんな質問をしました。

「リスクとは、何ですか？」

投資の世界に入って、最初にした質問がこれです。

役員は、「この会社に入社してきたのだから、リスクの意味は知っているはずだ。辞書的な意味を知りたいわけではないだろう。この新人は、もっと深いことを聞いているのではないか」と思ったようですが、そうではありません。

当時の私は、「投資バカ」ではなくて、ただの「バカ」でした。

本当に「リスク」という単語の意味を知らなかっただけです。「リスクとは、何か」さえ知らない状態で、私は運用の世界に足を踏み入れたわけです。


そんな私でも、今では「リスク」の意味がわかるようになりました。

投資における「リスク」とは、**「変動すること（変動性）」**です。

「リスク＝変動」です。

したがって、株価が上がるのも、株価が下がるのも、どちらも変動であり、どちらもリスクです。

- **リスクが低い…変動幅が小さい**
- **リスクが高い…変動幅が大きい**

115ページのグラフを見てください。

Ａ社の株価のほうが変動幅は大きいため、「Ａ社は、Ｂ社よりもリスクが高い」ことになります。

とくに日本人は、変動や変化を嫌います。できるだけリスクを低くしたいと考えています。だから、何かに挑戦することを嫌います。

多くの人が**「変動の小さい人生」を探していて、起業や投資などの不確実性に賭けることは、「悪」と考えがち**です。仮に起業家も投資家も悪人だとすると、「レオス・キャピタルワークス」を立ち上げたファンドマネジャーの私は、「極悪人」ということです（笑）。

「変動」するところに価値が生まれる

何かをはじめるとき、期待どおりの結果にならない可能性があります。けれど、リスクのない行動の中に価値は生まれません。私は、

「何かあったらまずやってみよう、やらなければならないんだ」

と考えるようにしています。

図6　変動幅の大きなＡ社と小さなＢ社のグラフ

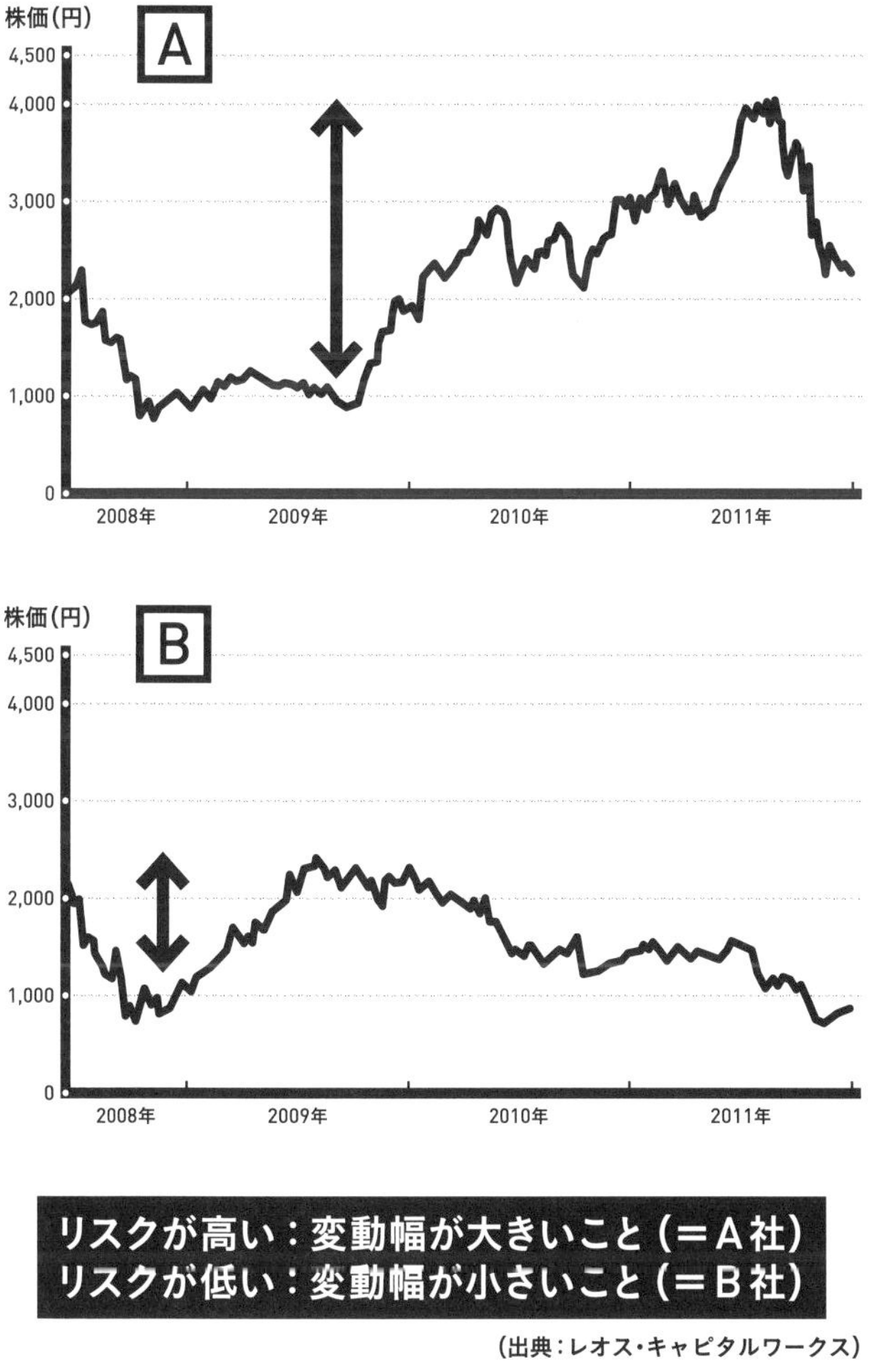

リスクが高い：変動幅が大きいこと（＝Ａ社）
リスクが低い：変動幅が小さいこと（＝Ｂ社）

（出典：レオス・キャピタルワークス）

トライアスロンをはじめたときも、競技にともなうリスクや恐怖心がありましたが、それでもリスクを取った結果、新しい価値観に気づくことができました。

選択を強いられた際、人は**「今いるところに留まるのが安心で、安全だ」と思い込む「現状維持バイアス」**が起こります。けれど、外の世界に飛び出すことを怖がっているうちは、現状を変えることも、大きなチャンスを手にすることもできません。

安全の中にもリスクがある

リスクを逆から読むと、「クスリ（薬）」です。

リスクを取るからリターンが得られます。変動が大きいからこそ、人生をより良く、より大きく変えることができます。

クスリを逆から読むと、「リスク」です。

クスリは効き目だけでなく、副作用という「リスク」も併せ持っています。

リスクとリターンはセットになっていて、リターンを得たいなら、リスクを受け入れる必要があります。

安全であることが最善なのではありません。**安全なことの中にもリスクはあります。**

表面上、安心できることはありますが、だからといって、安全ではありません。「赤信号みんなで渡れば怖くない」は、「安心が安全ではない」ことを言い当てています。

みんなと一緒なら「赤信号を渡る」という禁止行為も安心して行えますが、だからといって安全だとはかぎりません。車道にはクルマが走っているからです。

飛行機に乗るのが怖いという人に「飛行機は安全な乗り物だ」と説明しても、安心することはできません。

反対に、「飛行機は絶対に落ちない」と安心して搭乗しても、事故の確率がゼロだとは言い切れません。

私たちの生活は高度に文明化されていて、湿度も温度もコントロールされた快適な家に住み、安定的に食事をすることができて、命の心配もなく、恐ろしい肉食獣の攻撃を受けることもありません。でもそれは、錯覚です。

絶対的な安全を実現することは、人間には不可能なのです。

日本中どこに行っても地震の可能性はありますし、お金を持っていてもインフレで消えてしまうかもしれません。安全だと思っていた会社が倒産することもあります。

私たちは本来、安全、安心ではない世界の中で生きています。毎日がチャレンジであり、毎日がリスクです。

人間がもっとも恐れているのは、「死ぬこと」ではないでしょうか。究極のリスクは、「死」です。リスクを低くしたいのは、「死」を遠ざけたいからです。

ですが、誰ひとり「死」から逃れることができません。「死」は誰にでも訪れます。

「挑戦して失敗したら死ぬ」のは大きなリスクですが、成功しようが失敗しようが、リスクを低くしようが、私たちは必ず死ぬ。ということは、「リスクはない」とも解釈できるわけです。何をしてもいずれ死ぬのであれば、「リスクが高いことでも挑戦できるのではないか」と私は考えるようにしています。

POINT

「リスク＝変動」。今いるところが安心だからといって、最善とはかぎらない

⑯ リスクが嫌いな人は、世の中の格差を支えている人

株価は、利益によって決まります。成長する可能性の高い会社に投資をすれば、大きなリターンが期待できます。変動するからです。

反対に、成長しない会社にいくら投資をしても、リターンは期待できません。変動がなくいつまでも安定していれば、損をすることはありませんが、得することもありません。

リスクの逆がリターンなのではなく、リスクがあるからリターンがあります。リスクはリターンの源泉です（121ページの図参照）。

変動のない世界では、リターンはありません。変動のない世界、安定を求める社会とは、**「金持ちは金持ちのまま、貧乏は貧乏のままの社会」**のことです。

変動がなければ格差は固定されます。

リスクを嫌う人は「貧乏な人は、貧乏なままである」ことを認めることになります。

「今はお金を持っていても、いつかなくなってしまうかもしれない」

「今はお金を持っていなくても、いつかは入るかもしれない」

「今は一般社員だけれど、結果を出し続ければ、社長になれるかもしれない」

「今は社長だけれど、結果が出ないと解任されるかもしれない」

変動性があるからこそ、チャンスを手にすることも、人生を変えることもできます。

日本の格差が広がっている本当の理由

変動性がなければ、今の人生を固定化するだけです。差別も格差もなくなりません。

「格差をなくしたい。貧乏は嫌だ。けれど、リスクを取りたくない」という考えは、成立しません。リスクが嫌いという人は、世の中から格差がなくならないことを支えている人です。**日本の格差が固定し始めているのも、リスクを取ることが嫌いだという人が増えているから**だと考えています。

格差を是正するには、動く必要があります。動けば、必ずリスクが発生します。動かないで格差を是正することは、できないのです。

図7　変動が大きい株と変動の小さい株

変動が大きいと儲けも多い、
変動が小さいと儲けも少ない

（出典：レオス・キャピタルワークス）

⑰ポートフォリオに「入れたくない会社」を組み込む理由

投資の世界に25年間、身を置いていますが、私よりも優秀でありながら、姿を消したファンドマネジャーをたくさん見てきました。

どうして、彼らは消えてしまったのか。どうして、彼らよりも劣る私が生き残っているのか。それは、私自身が**未完成で、不完全だから**です。

「日光東照宮」の陽明門《ようめいもん》は、日本を代表する楼門《ろうもん》建築です。

陽明門は、「グリ紋」（渦巻き文様）が彫られた12本の白い柱で支えられています。この柱の中に1本だけ、彫刻の模様が逆向きになった「逆柱《さかさばしら》」があります。これは、誤って逆向きに建てられたわけではありません。

「建物は完成と同時に崩壊がはじまる」

という伝承を逆手にとって、建築されたものです。

未完成こそが最強の戦略である

「満つれば欠くる世の習い」（満月になった月がやがて欠けていくように、栄華を極めたものはやがて衰退に至る）という故事があるように、わざと不完全な柱を加えることで魔除けにしたのではないか、と言われています（「魔除けの逆柱」と呼ばれています）。

「あえて未完成にすることで、崩壊を防ごうとした」「あえて不安定にすることで、安定感を得ようとした」のでしょう。

「不均衡が実は均衡をもたらす」という考えは、家康の独自の理論というわけではなく、古来からあったと思われます。というのも、縄文時代に作られた土偶には両手、両足が完全な姿のものは少なく、長さが違ったり不均衡であったりしています。このことから、縄文時代にも「完成は崩壊の始まり」という思想があったのではないかと考えられています。大昔の日本人が、そんな哲学を持っていたというのは、何だかすごいとは思いませんか？

「完成と同時に崩壊がはじまる」という考え方は、私の価値観のひとつでもあります。

私は、「不完全な状態をつくり上げることが完全である」と思っているので、「ひふみ投信」のポートフォリオ（資産構成）を、あえて「不完全な状態」にしています。「ひふみ投信」のポートフォリオは、完全ではないし、完成されていないし、美しくもありません。

けれど、**「美しくない」からこそ、私たちのファンドは「崩れにくい」のです。**

姿を消してしまったファンドは、美しくて、完成されていました。ところが完成されているからこそ、まったく想定していない不均衡が生じたとたん、瞬間的にバラバラと崩れてしまいます。それまでは成功していた分、失敗したときの反動は大きく、たった一度の失敗で投資の世界から退場させられたのです。

あえて仮説に合わない銘柄も買う

私は「完成による崩壊」を防ぐためにも、あえて**「入れたくない会社」を一定数以上組み込む**ようにしています。

株価を予測するとき、仮説を立てます。ですが、その仮説が外れていた場合、同じ仮説に基づいて選んだ銘柄は総崩れです。仮説は主観によって組み立てられているため、その危険性を見過ごすことはできません。

私は、「役員の写真が企業のウェブサイトに載っている」会社こそ、成長が見込める会社であるという仮説を唱えています。しかし、仮説とは真逆の「役員の写真が載っていない」銘柄をポートフォリオに組み込むことがあります。なぜなら、そのほうが崩れにくいファンドができ上がるからです。

完成は崩壊のはじまりで、未完成は壊れない。これが「ひふみ投信」が勝ち続けている理由のひとつです。

ファンドの信託財産（お客様から預かったお金）を成長させるために、世界経済、社会、市場動向が「変化し続けること」「変動があること」を前提として、その変化・変動に対して柔軟に対応する必要があるのです。

POINT

変化に柔軟に対応するために、あえて、不完全を目指す

⑱ リスクを最小化させる「好奇心の分散」

私はリスクを取ることだけを推奨しているわけではありません。

リスクを取りながら、上手にリスクを減らすことは、投資でも人生でも大切なことです。

投資の世界には**「卵はひとつのカゴに盛るな」**という格言があります。

卵をひとつのカゴに入れておくと、カゴを落としてしまったら卵はすべて割れてしまいます。

けれど、複数のカゴに入れておけば、仮にひとつのカゴを落としても、ほかのカゴに入っている卵は残りますから、被害を最小限に抑えることができます。

投資も同じで、ひとつの銘柄やひとつの投資信託に投資するよりも、複数の銘柄や複数の投資信託に**「分散投資」**をしたほうがリスクは低くなります。

資産をひとつだけに投資すると、その価値が下がれば、資産をすべて失ってしまうことにもなりかねません。しかし、資産をいくつかに分散しておけば、どれかひとつが下落しても、ほかの資産でカバーできます。

投資先のAが下落しても、B、C、Dが順調であれば、全体としての影響を少なくできるのです。

「卵をひとつのカゴに盛らない」ために

では、どうすれば分散投資は成功するのでしょうか。

分散投資の防御力を高めるにはコツがあります。

それは、**「好奇心を持つこと」**です。

好奇心がなければ、分散投資はできません。分散投資をするときは、「自分が投資しているもの以外に、リターンが得られるようなものはないか」を探すわけですが、それこそが「好奇心」だからです。

日本株にせよ海外債券にせよ、会社（あるいは国）に興味や関心があるからこそ、私たちは、あらゆる投資先に目を向けることができるのです。

「リスクを最小化させるのは、好奇心の多さである」

以前、日本銀行総裁を務めていた福井俊彦さんが、東京証券取引所開催のセミナーで基調講演を行ったことがあります。そのとき福井さんは、

「リスクを最小化させるのは、好奇心の多さである」

とおっしゃいました。好奇心が旺盛な人は、いろいろな対象にトライするので、結果としてリスクが低くなります。

好奇心が分散すれば分散するほど、リスクが減ります。アジア株、日本株、アジアの債券、ブラジル、アメリカ株などに投資をするとき、知識のないまま投資をすると、リスクが高くなります。

けれど、「ブラジル株はどうなっているのだろう」「株はどういうしくみで動いてい

るのだろう」「アメリカにはどういう会社があるのだろう」と好奇心を分散させれば、たくさんの情報を集めることができます。

そして、好奇心を持つほど、チャンスも増えるし、リスクヘッジにもなる。「見たい、聞きたい、知りたい」という気持ちがあれば、知識と経験の量が増えるので、さまざまな投資先を「素直」に検討できるようになるでしょう。

逆に、**好奇心の少ない人ほど、リスクを恐れます。**

世の中への関心が希薄な人ほど、リスクを恐れます。好奇心さえあれば、「株式とは何か」「債券とは何か」「為替とは何か」を学ぶことも、経験することも億劫《おっくう》にならないはずだからです。

リスクを減らすためには、好奇心を持つこと。あふれるような好奇心があれば、リスクは自然と減り、リターンの可能性が高まるのです。

POINT

リスク分散とは「好奇心の分散」である

第4章

損切り

評価は常に「時価」で考える

⑲ 「サンクコスト」にとらわれるな

損を覚悟で値下がりした株を売ることを「損切り」といいます。

投資の世界では、株価は上がることがあれば、下がることもあります。もちろん、買った価格以上で売れることばかりではありません。

個人投資家からは、「損切りは難しい」という声を聞くこともありますが、投資家は、損切りにもしっかりとした哲学を持たないかぎり、勝ち続けることはできないのです。

損切りでもっとも大切なことは、「簿価《ぼか》（取得価格）を忘れる」ことです。

失敗する人の多くは、投資した金額や、かけた時間、費やした労力をなかなか捨て去ることができません。

投資の世界では、回収できない費用のことを「サンクコスト」といいます。「一生懸命に頑張ったから何とか取り戻したい、回収したい」という気持ちのことです。

たとえば、１８００円払って映画館に入場したものの、上映30分後に「この映画はおもしろくない」ことがわかったとします。けれど、「最後まで観ないともったいない」と思って映画を見続けたとしたら、それはサンクコストを無視できないからです。

「途中でやめる」はなぜこれほど難しいか

人は、「得る喜び」よりも、「失う痛み」のほうが大きいと感じます。

株式のチャートを見ると、株価が上昇しているときは緩やかなカーブを描きますが、反対に、株価が下落しているときは急降下を描きます。

失う痛みが大きいため、早く売ろうとするからです。

上げることに対する快感よりも、下げることに対する痛みのほうが大きいので、１３５ページの図のようなチャートになります。

とくに日本人は、勝つことよりも負けることが嫌いです。**「勝ちたい」という気持ちよりも「負けたくない」という気持ちのほうが強い。**

たとえば、「コインの裏か、表かを当てるゲーム」があって、「勝ったら1万円もらえるが、負けたら1万円払う」がゲームのルールだとします。

ところが、この条件では、ほとんどの日本人がゲームをしません。1万円を得る可能性より、1万円を損する可能性のほうが大きく感じるからです。リターン対リスクが「1対1」のときは、リスクのほうが大きいと考えます。

では、「勝ったら2万円もらえて、負けたら1万円払う」場合はどうでしょうか。この条件でも参加しません。2万円もらうことより、1万円支払うことがまだ怖いからです。

日本人の場合は、「勝ったら3万円もらえて、負けたら1万円払う」という条件のときに、ゲームに参加しはじめます。リスクの3倍以上のリターンが見込めなければ、積極的に動こうとはしないのです。

東日本大震災に続く福島第一原子力発電所の事故により、東京電力の社債(電力債)は暴落しました。ですが、今もこの社債を手放せない人がいます。

手放せない理由は、「損した分を少しでも取り戻したい」と思っているからです。売ると損が確定してしまう。損が確定すると、心が痛い。だから売ることができません。

図8　日経平均株価の推移（上昇は緩やかで下落は急降下）

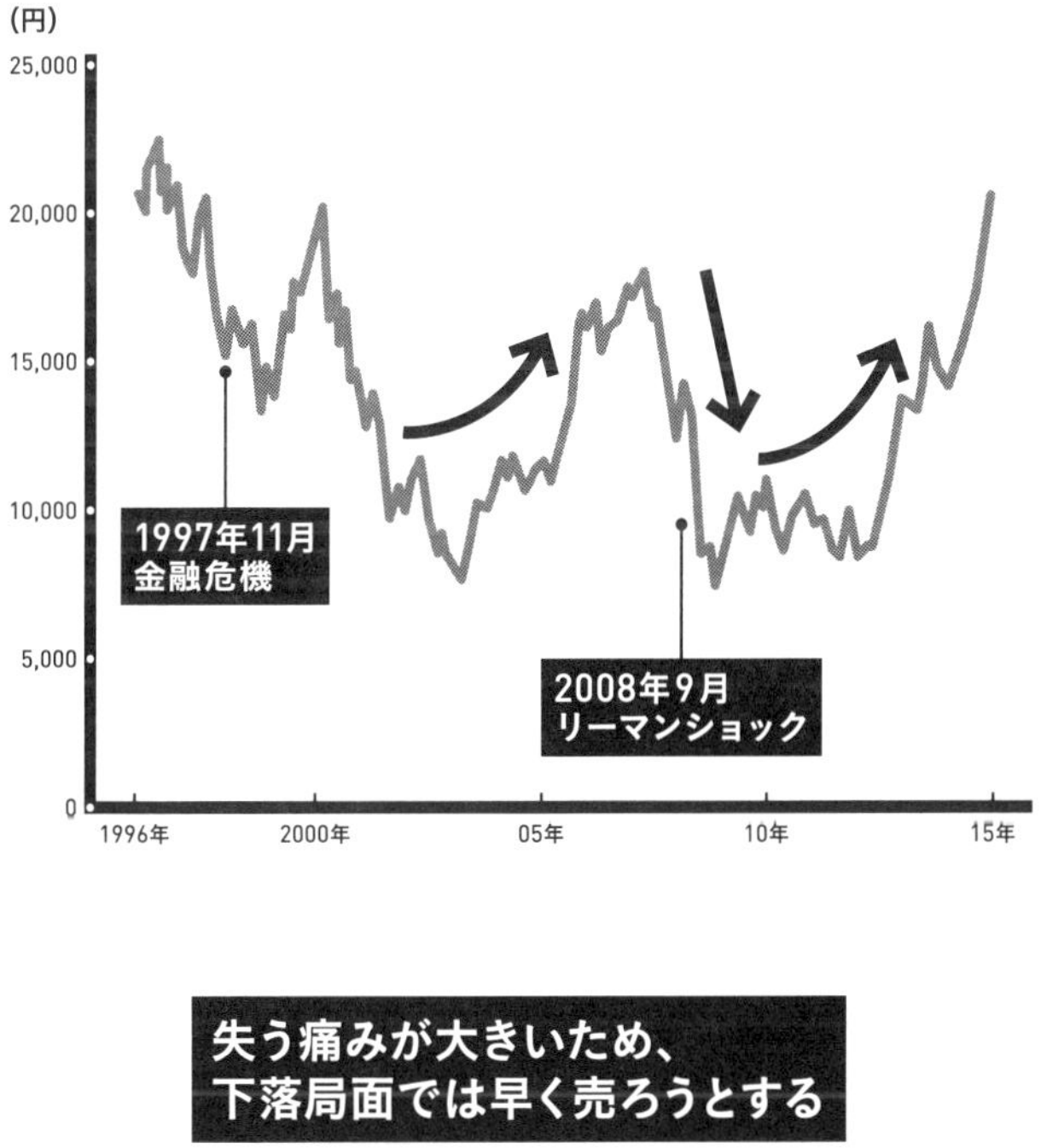

（出典：レオス・キャピタルワークス）

投資で大切なのは、簿価を忘れて、**「時価」＝「今の市場価格」**で考えることです。

私は、株をいくらで買ったかに、ほとんど関心がありません。簿価に関係なく、「このまま持っているのは良くない」と思えば、躊躇なく売ります。

なぜそんなことができるかというと、投資で大事なのは、**「『今』の価格をどう評価するか」であって、「いくらで買ったか」は関係ないからです。**

どの株価で株を買ったかというのはその人固有の事情であって、経済情勢や会社の今後の成長性などとはまったく関係ない話です。だからこそ、今売ると損か得かということよりも、将来成長しそうなのかしないのかを考えることが大事であると考えています。

POINT

サンクコストにとらわれず、常に「今」の視点で見る

⑳ 株価は過去ではなく「今」を見る

仮に、３年前に「３００万円」で投資した株が、今は「80万円」まで下落していたとしましょう。

このとき「３００万円で買った」ことを覚えていると、売ることができません。売ったとたん、２２０万円、損したことになるからです。

私なら、自分自身にこう問いかけるでしょう。

「今、手元に80万円あったとしたら、この株を買うだろうか」

簿価を忘れ、「この株を80万円で買う価値があるか」を考えます。

そして、「買う」と思えるのならそのまま持ち続け、「買わない」のであれば、すぐに売るでしょう。

今その銘柄を買わないと判断するのであれば、即、売却をすべきです。

時価が買うべき値段ではないなら、保有する理由がありません。

本当は転職をしたほうがいいのに転職しないとか、本当は悪い友人を切ったほうがいいのに切れないとか、本当は株を売ったほうがいいのに売れないのは、自分がやってきたことに縛られているからです。

大切なのは、**「過去がどうだったか」ではなくて、「今持っているもの」の価値を正確に見極めることです。**そして、

「自分の人生がこれからどうなっていくか」
「今後、どうすれば幸せになれるのか」

問い続けること。買値（過去）ではなく時価（現在）で考えることです。

「株をいくらで買ったか」は忘れなさい

「損」とは、「過去」にこだわった考え方です。「損」はすでに終わった話ですから、時価評価をしていけば、「損切り」という概念すらなくなります。

だから私は、「株をいくらで買ったか」には興味がないのです。**「今後はどうなるのか」に集中**しています。過去の価格や過去の努力に縛られていては、今も、未来も、正しく評価できません。

「良い」と思って買った銘柄でも、決断を間違うことがあります。状況が変化してしまったことがわかったら、時価評価をしてみる。そして、「今、それを持つ価値がない」のなら、速やかに損切りをします。

もちろん、過去も、思い出も大切だし、過去の蓄積の上に今の自分があるわけですが、人間は、過去にはさかのぼれません。時間は未来へと流れています。ですから、私たちは常に未来志向であるべきです。

POINT

大切なのは買値(過去)ではなく時価(現在)

㉑ 転職、婚活……自分の人生を「時価」で評価してみる

今、自分のいる会社を時価評価したとき、「これからの自分の成長を考えると、この会社にいるのがベストである」と考えることができるなら、転職はしないほうがいいでしょう。

反対に、「今の会社にいても、自分の力を発揮することができない」と思えるのなら、転職をすべきです（我慢ができず、ちょっとでも嫌なことがあると辞めてしまう人は、自分の価値を下げるだけなので、論外です）。

一番良くないのは、損切りをしないことです。

「ここで辞めてしまったら、今までやってきたことがムダになる」と考えて、ダラダラと今の場所に居続けることです。

ブラック企業の社員が会社を辞めないのは、「損切りができない」ことも大きな要因ではないでしょうか。

「今辞めてしまったら、何もいいことがない」「今の職場を辞めたら生活が成り立たない」「再チャレンジをするのは大変」と考え、ブラック企業だとわかっていながらも、その場に留まっている気がします。

ブラック企業にいる人はなぜ転職しようとしないのか

転職にかぎらず、**変化や変動を嫌う人は、「静止摩擦」が働いていて、「その場にいたほうがいい」「新しい場所には行けない」と考えがち**です。

静止摩擦とは、動き出す前の摩擦力のことです。

物体は、動き出す前と動き出したあとでは、摩擦力の大きさが違います。動き出す前は大きな摩擦力がかかっていて、動き出すと摩擦力は小さくなる。

ですから、動きはじめてしまえば物事はスムーズに動くはずなのに、環境の変化に対する不安から、現状に留まろうとする静止摩擦が生じています。

「転職するのか、しないのか」を適切に判断したいなら、摩擦を恐れずに、「数ある選択肢の中で、今ここにいるのがベストなのか」を問いかけることが大切です。

「今がベストなのか」を問いかける

人間の悩みや苦しみは、大きく「3つ」に分けられると思います。

①人間関係
②仕事
③健康

3つの悩みのうち、「③健康」に関しては、持って生まれた持病などもありますし、手放せないこともあるでしょう。しかし、「①人間関係」と「②仕事」の悩みの多くは、逃れることができると思います。

家族を含め、気の合わない人がいたら、遠ざかればいい。会う回数を減らしたり、引っ越しをしたりすれば、ある程度は距離を置くことはできるはずです。「築き上げてきた人間関係を捨ててはいけない」という理由はありません。

仕事もそうです。辞めることもできるし、残ることもできる。「一生同じ会社に勤めなければいけない」という決まりはありません。

極論を言えば、健康は別にして、「①人間関係」と「②仕事」の悩みは、捨てることができます。捨てることができる以上、**「過去に縛られる必要はない」**わけです。

時価評価をするには、いかなる背景も過去もないと仮定したうえで、「この人たちと付き合うのか」「この会社に価値があるのか」を考えてみることが大切だと思います。

「幸せにしてくれる人」を探しているかぎり、幸せにはなれない

自分を時価で考える。

この理論は、**「婚活」**をしている人にも当てはまりそうです。

「結婚すれば、相手が自分を幸せにしてくれる」「私には、自分を幸せにしてくれるパートナーがいない」と考えている人は、結婚相手が見つかりにくいそうです。理由は、「幸せは、相手から与えられるもの」と考えているから。

「自分が幸せにしてあげたい人」ではなく、「自分を幸せにしてくれる人」を見つけた

いと思っているうちは、なかなか相手に恵まれません。そこには、「幸せを求めているうちは、幸せになれない」というパラドックスがあります。

逆に「相手を幸せにしてあげたい」という気持ちが、結果的に自分をハッピーにします。

株式投資も恋愛に似ています。

投資先を選ぶときは、「自分が儲けたい」という気持ちが先立つと、不思議と儲からないものです。

儲けることも大切ですが、それ以上に、

「この会社は世の中の役に立つ」

「この会社が生み出す価値は、社会に貢献している」

と、確信が持てる会社に投資すべきだと私は考えています。情けは人のためならず、です。自分の「時価」を上げるためにも、「相手本位で考える」ことからはじめてみてはいかがでしょうか。

POINT

「静止摩擦」を恐れずに、「数ある選択肢の中でベストなのか？」を問いかける

第5章

時間

「お金」「効率」よりも大切なもの

22

お金よりも大切なもの。それは「時間」

時は金なり。

時間は、もっとも大切な資源です。私は、

「お金よりも、時間のほうが絶対に大切である」

と信じています。

人生は有限です。人ひとりの一生は、長くても１００年で終わります。たとえ1兆円のお金を持っていても、２００年に延ばすことはできません。

私の行動原理の中でも上位にあるのは、

「時間を味方につける」

ことです。

投資をするときも、消費をするときも心がけているのは「時間が経つほど価値が上がるもの」に時間を使うことです。仕事も、人生も、長く積み上げることがとても大事だと考えています。

「レオス・キャピタルワークス」という会社も、「ひふみ投信」という投資信託も、時間の経過とともにお客様が増え、信頼が獲得できる方法論を探しています。

投資では、**「時間を敵にしない」**ことが重要です。相場は上下動しますし、個別の会社は相場の影響を必ず受けます。

しかし、長期的には株価は収益に収斂《しゅうれん》していくので、着々と利益を積み上げていく会社へ投資をすれば、大きなリターンが期待できるはずです。

資産形成は5年以上かける

あなたが投資信託で資産形成できていないとしたら、保有期間が短いことも要因のひとつです。

投資信託の平均保有期間は、「3年間」と言われています。

ですが、相場循環は5～6年程度の動きをしているため、3年で手放してしまうと、「相場のピークの手前で買い、ボトムで売る」ことになります。「高く買って安く売る」ことを繰り返しているうちは、資産形成はできません。

相場循環を考えると、**最低でも「5年間」は保有したうえで、「上昇したか、下降したか」を判断したほうがいい**でしょう。

長期投資が有効なのは、収益の上がる会社に投資をすれば、時間が味方してくれるからです。投資で収益を上げるには、時間を味方につけて、「5年間は、ゆっくりじっくり投資をする」ことが大事です。

POINT

資産形成は5年以上。時間を味方につける

図9　業績と株価の推移

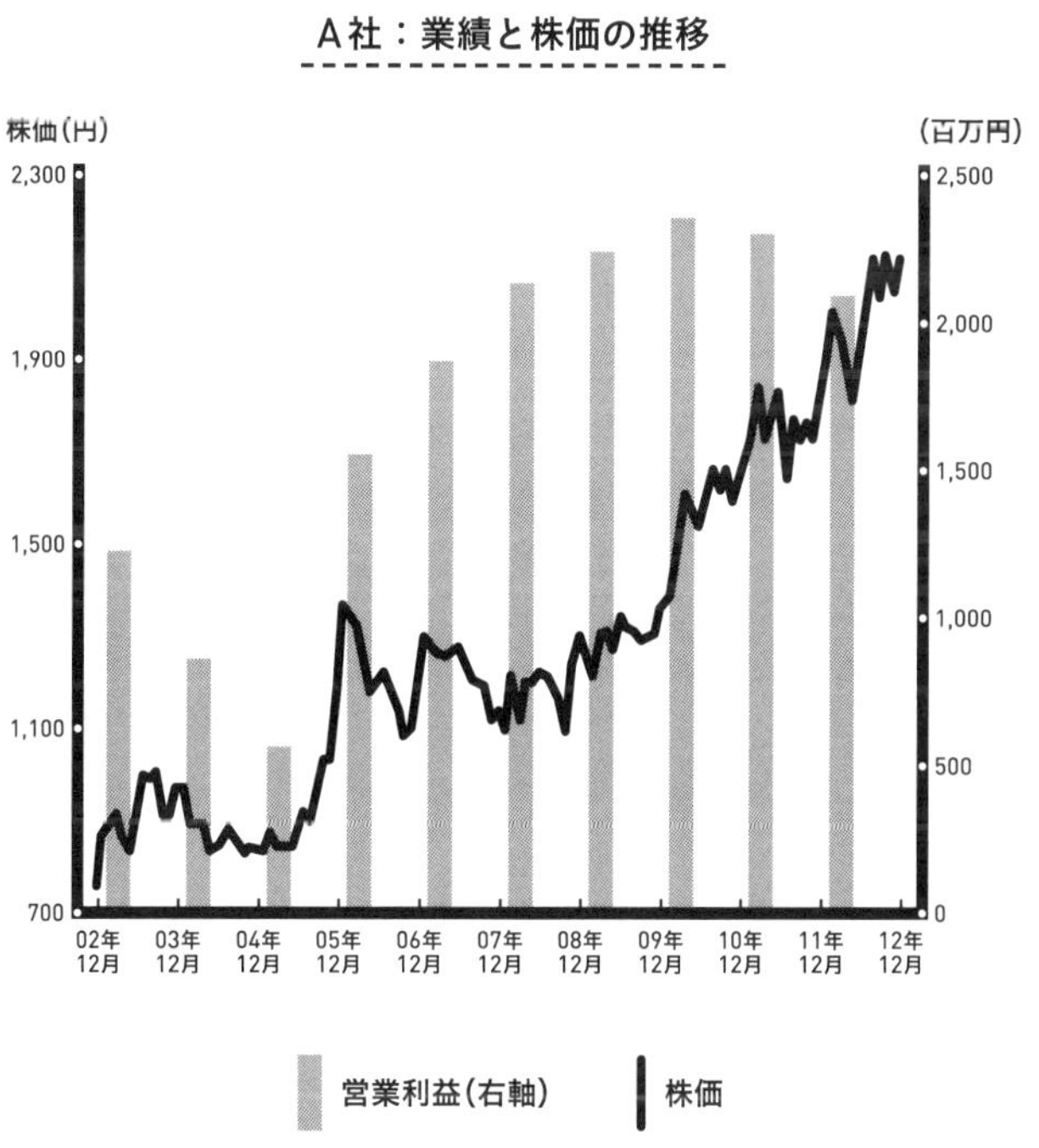

長期的に株価は収益に収斂する

(出典：レオス・キャピタルワークス)

23

「十中八九、ムダ撃ちでもいい」と考えておく

時間を味方につけるときに、私がもっとも大事にしているのは、**「効率は大事だが、重要視しすぎない」**ことです。

非効率の中にこそ、大きな結果が隠されているときがあります。

「ひふみ投信」が誰も注目していない成長企業に投資できるのも、非効率な時間を大切にしているからです。

時間はお金よりも大切ですが、だからといって、**「ムダに使ってはいけない」というわけではありません。**

仮に、地方で上場企業を経営する社長が、「今までＩＲ（投資家に向けて業績に関する情報を発信する活動）をしたことがないので、投資家にアピールしたい」と考えた

とします。

すると、社長はまず、証券会社に「東京に出張するときに、機関投資家（個人ではなく、企業体で投資を行っている大口の投資家）に会いたい」と連絡をします。

「ひふみ投信」が、誰も着目しない会社に投資できる理由

連絡を受けた証券会社の担当者は、機関投資家に対して「今度、○○という会社の社長が東京に出てくるので会ってみませんか？」と情報を流すわけですが、多くの機関投資家は興味を示しません。なぜなら、

「地方には、魅力的な会社が少ない」

「会うだけ時間がもったいない」

と、偏見を持って決めつけているからです。

ムダ撃ちに終わることもたしかに多いので、「会わない」という機関投資家は、とても合理的です。

ですが、私たちは違います。

「どんな会社でも、連絡をいただいたらお会いする」

「どんな会社でも、丁寧に、大切に扱う」

ことを心がけています。

なぜなら、十中八九はムダに終わっても、「ひとつくらいは、伸びる会社があるかもしれない」からです。

効率を最重要視しない

伸びる会社を、ひとつでも見つけることができたら、チャンスです。

他の投資家はその会社を過小評価しているので、私たちは「割安なときに、誰も着目していない会社に投資できる」ことになります。

ライバルファンドは、空振りを恐れて、バッターボックスに立ちません。

反対に私たちは、**空振りをしてもいいから、どんどんバッターボックスに立って、相手と対峙します。**

たとえ10打数1安打でも、その1安打が特大のホームランになる可能性があります。

空振りが多くても、年に何本かホームランを打つことができれば、ライバルファンドとの差を開くことができます。

また、投資につながらないからといって、社長と会う時間がムダだとは思いません。なぜなら、その会社の業界のことや、地域のことなど、有益な情報がたくさん拾えるからです。

その会社には投資ができなかったとしても、業界の情報を得ることによって投資アイデアが生まれたり、新たな投資相手が見つかる可能性もあります。

ムダ撃ちだと思っていた9社の中には、宝物が隠されています。そういう意味では、「ムダな時間はない」と考えることができます。

時間というコストを払っても、そのコストを使うことでいい情報が得られるのであれば、社長と会う時間は、決してムダではありません。

どんな会社の社長も、私たちにとっては「先生」のような存在です。

ですから、決して上から目線にならず、「先生」として遇《ぐう》して、「学ばせていただく」

「気持ちよく帰っていただく」という心持ちで接しています。

「ムダ」の中から価値を見つける

私たちが丁寧におもてなしをすると、社長はどうすると思いますか？

社長は証券会社に電話をかけ、こんな話をするでしょう。

「いや〜、はじめて東京の機関投資家たちに会ったけれど、レオスさん以外は、みんな偉そうなことを言うんだよね。地方の会社を下に見ているところがあってさ。でも、藤野さんにはすごく丁寧にしてもらって、本当によかった」

では、この話を聞いた証券会社の担当者は、どう思うでしょうか？

「そうか。レオスの藤野さんなら必ず会ってくれるから、すぐにアポが取れる。しかも丁寧に接してくれるから、社長も喜ぶ。『機関投資家に会いたい』という社長がいたら、これからレオスに連絡を取ろう。そうすれば、オレ自身の評価が上がるぞ！」

すると、レオスの運用成績を上げるためではなくて、「自分の評価を上げるため」に、証券会社の担当者はいろいろな会社を私に紹介してくれるようになります。

ということは、日本の証券会社（の支店）は、「レオスのエージェント」になっているようなものです。なぜなら、「いい会社、いい情報があったらレオスに連絡をしよう」と思ってくれるからです。

このようなインフラができているおかげで、レオスには、自動的にたくさんの情報が入るしくみができました。

時間の経過とともにいい会社を発掘できるわけですから、他の運用会社が着目していない会社にも投資できるようになったのです。

POINT

成果を上げるために、仕事の効率を一度捨てる

㉔ 損しない投資は「小さく、ゆっくり、長く」

かつての日本では、女の子が生まれると、庭に「桐の木」を2本植えたそうです。そして、その子が成人して嫁入りするときには、桐の木を使ってたんすをつくり、嫁入り道具にしたと言われています。

「2本」植えたのは、リスクヘッジのためです。1本が枯れてしまっても残りの1本が育てば、たんすをつくることができます。

2本とも順調に育ったときは、1本を売る。そうすれば、売ったお金をたんすの加工賃にすることができます。

私は、「投資信託は、現代の桐の木である」と考え、『ひふみ版　桐たんす物語』をつくりました（161ページ参照）。

自分の、そして子どもの成長に合わせて、10年、20年かけて大切に育てるのが投資信託です。途中で上下の変動があっても手放さず、慈しむ。それが最後に資産になります。

私たちが『ひふみ版　桐たんす物語』でお伝えしたいことは、

「投資には時間がかかる」

ということです。

売買をくり返したら絶対に増やせない

株価とは、会社が成長した分だけ上がります（会社の成長以上に株価が上がるとしたら、それはバブルです）。

成長に合わせて株価が上がるわけですから、桐の木と同じです。

私たちは「会社の価値」に対して投資をしています。

価値とは、利益であり、お客様の数です。

価値は、時間が経たないと上がりません。

桐の木に価値があるのは、時間をかけて育てたからです。そして、愛情を持って育て、途中で切らなかったからです。

投資にかぎらず、**人間の営みは、根本的には時間とともに価値が増します。**

「昨日の自分」と「今日の自分」を比べたとき、その成長の度合いは、それほど大きくないはずです。人間の成長も、0歳から成人するまでには20年かかります。昨日まで幼稚園児だった子どもが、今日、いきなり大学生に成長することはありません。

投資は愛です。投資は未来です。投資は我慢です。

投資をするときは、時間を味方につけて、ゆっくり、長く育てることが大切です。

POINT

投資は我慢。成長には時間がかかると心得る

図10　『ひふみ版　桐たんす物語』

投資は子どもの成長と同じ。
時間をかけて、長く、ゆっくり

（出典：レオス・キャピタルワークス）

25 株価ではなく企業の「価値」と「時間」に投資せよ

私はある会社に投資をして、5年間で60倍以上にまで増やしたことがあります。ある会社とは、アイウェア（メガネ）の**「JINS」（株式会社ジェイアイエヌ）**です。

かつて、JINSの経営が行き詰まっていたとき、田中仁社長は、ユニクロの柳井正社長に相談に行ったことがあります。

田中社長が「どうしたら会社がうまくいくでしょうか？」と質問をすると、柳井社長はこう言ったそうです。

「このままだと倒産しますね」

そして今度は逆に、柳井社長が田中社長に質問をしました。

「あなたは、メガネを通じて何がしたいのですか？」

「あなたは、何のためにメガネの会社をやっているのですか？」

「あなたにとって、お客様とは何ですか？」

「あなたにとって、従業員とは何ですか？」


明確な返事ができなかった田中社長は、ショックで2日間ほど寝込んだそうです。

なぜJINSは5年で60倍に伸びたのか

その後、田中社長は社員と合宿をして、社員と向き合い、「これからどうなりたいのか」を考え、「世界中のすべての人に、アイウェアで豊かな未来を見せる」という答えにたどり着きました。

「世界の多くの人がJINSのメガネを好きになってくれれば、商品をつくった日本人のことも好きになってくれる。世界にメガネを出すわけだから日本一になるのは当然だし、そうなればおのずと会社も大きくなる。社員もハッピーになるし、やりがいのある会社ができる」そう考えたのです。

ミッションが決まってから、ＪＩＮＳの躍進がはじまりました。

ＪＩＮＳが変わったのは、売上や利益や株価を上げること以上に、

「メガネを世界中の人に届けて、喜んでもらおう」

「ＪＩＮＳに関わるすべての人が豊かで、広がりのある人生を送れるようにしよう」

というメッセージを持つことができたからです。


私が田中社長にお会いしたのは、ＪＩＮＳが変わりはじめた頃でした。

柳井社長との一件を知った私は、「この会社に投資をしよう」と決めました。

「世界中のすべての人にメガネを届ける」という田中社長のミッションに共感したからです。

私たちは、ＪＩＮＳの株価が上がっても、途中で売り切ってしまうことはありませんでした。60倍になるまで、株を持ち続けました。なぜなら、私は、田中社長が率いる会社の「価値」の変動に投資したのであって、「株価」の変動に投資をしたわけではないからです。

仮に私が「投資とは株価の変動を当てるゲームである」と思っていたなら、さっさと売っていたと思います。仮に2割上がって、100万円が120万円になるだけでも、御の字です。

けれど私は、株価ではなく、「価値」と「時間」に投資をしていた。だから、JINSを見届けたいと思ったのです。

利益を得ることも投資の醍醐味ですが、もっと大切なのは、

「世の中を良くして、明るい未来をつくる」

ことです。

投資とは、その会社と一緒に、「未来を支え、未来をつくる作業をともにすること」だと、私は確信しています。

POINT

投資とは、株価の変動を当てるゲームではなく、一緒に未来をつくること

26

「下積み」を「成長」に変える方法

人の成長もまた、時間がかかります。

私がこの世界に入って、「やっと、一人前のファンドマネジャーになれたかな」と自分で思えるようになるまで、10年かかりました。明治大学でベンチャーファイナンス論の講師になったのも、この頃です。

プロとしての洞察力、決断力を身に付けるには、**下積みの期間が必要**です。どの世界でも同じだと思いますが、その仕事に就いて3年程度では、プロと呼ぶには心もとない気がします。

かつて、ホリエモンこと堀江貴文さんが、「下積み修業は無駄である」という趣旨の発言をしていました。私は彼の考えを否定しません。時代の変化とともに効率的にできる面もあるからです。とはいえ、下積みをしっかりやる価値は、それでも生き続けます。

アメリカの刑事ドラマ『刑事コロンボ』が好きでよく観るのですが、コロンボの仕事への取り組み方に**「プロとは何か」**の答えをかいま見ることができます。

第1話の『殺人処方箋』で、コロンボは次のような言葉を残しています。

「いくら犯人の頭が良くても、殺人ははじめての経験だから、結局、殺しに関しては素人。しかし自分にとって殺しは仕事で、長い年月をかけて修練を積んでいるわけです」

この言葉は、コロンボの謙遜とプライドを同時に表している気がします。

「刑事コロンボ」が名刑事なのは、時間を味方につけたから

また、第40話の『殺しの序曲』では、全人口の上位2%という高IQを持つ犯人に対し、自らの半生を次のように語っています。

「学校にも頭のいい子は大勢いたし、軍隊にはじめて入ったときにもおそろしく頭のいいのがいましたよ。ああいうのが大勢いちゃ、刑事になるのも容易じゃない、と思ったもんです。あたし考えました。連中よりせっせと働いて、もっと時間をかけて、本

を読んで、注意深くやりゃ、ものになるんじゃないかって。なりましたよ。あたしは、この仕事が心底好きなんです」

コロンボを名刑事にしていたのは、「時間」です。

「長く、そして毎日やり続けること」が「プロ」の条件なのだと思います。

投資も捜査も地道な「地取り」が命

あるとき、現役の警察官から、「藤野さんがやっていることと、警察官がやっていることは、同じですね」と言われたことがあります。

事件が発生した際、刑事は**「地取り」**をします。「地取り」とは、現場周辺の家々を「地面を剥ぎ取る」ように、一軒一軒、聞き込みをすることです。地取りをしても、有力な情報はそう簡単には集まりません。ほとんどがムダ足になるそうです。

ただ、たとえムダ足に終わっても、**「その地域を全部しらみつぶしにした」という自信**があるから、判断を間違えないのだと言います。

私たちの投資行動も、たしかに「地取り」に似ています。

会社を1社ずつ「地面を剝ぎ取る」ように調査をし、セミナーを開催して、お客様一人ひとりに「ひふみ投信」の説明をしているからです。

一見、非効率ですが、その非効率を重ねるからこそ、証券会社がエージェントになり、お客様が営業マンになり、時間を味方にできるのです。**非効率の積み重ねこそ、プロとしての力の源泉**です。

POINT

非効率を重ねることでプロとしての確信が生まれる

27 忙しさから抜け出したいなら、「刃を研げ」

時間が大切であるとわかっていても、日々の仕事の中では、どうしても忙しさに追われがちです。どう解決すればいいでしょう。

スティーブン・R・コヴィー博士は、『7つの習慣』の中で、第7の習慣として**「刃を研ぐ」**ことの必要性を説いています。「刃を研ぐ」ことのわかりやすい例として、次のようなエピソードを紹介しています。

「木を倒そうとして、ノコギリを引いているキコリがいた。何時間も作業をしているので、『ノコギリの刃がボロボロですよ。少し休んで刃を研いだほうが、仕事が早く片付くのでは?』と声をかけた。するとキコリは、『刃を研いでいる暇なんてない。切るだけで精一杯だ』と言い返した」

これは、耳が痛い話です。

忙しさの原因は、時間がないからではなくて、「ボロボロの刃で仕事しているから」かもしれません。切れ味の良いノコギリを使えば作業がはかどるのに、刃を研ぐ時間を「惜しい」と思ってしまうのです。

やり方を変えたり、道具を替えたり、しくみをつくることで、もっと速く、もっと簡単に、もっと安全にできる方法があるはずです。

いつも同じ方法や旧来のやり方に留まっているかぎり、効率を良くすることはできません。昨日と同じ今日、今日と同じ明日が続くだけです。

仕事の速さを上げる「もっと簡単にできないか」発想

たとえば、エクセルを学んでマクロを組めるようになれば、繰り返しの作業を自動化できます。これまでは手作業で2時間かかっていたことが、1秒で処理できるようになるかもしれません。**多くの人は「忙しくて勉強する時間がない」と言いますが、本当はその反対で、勉強をしていないから忙しいのではないでしょうか。**

今日一日は作業の手を止めて、「エクセル」の入門書を読む。そしてマクロの組み方を勉強すれば、明日からの作業は1秒で終わります。エクセルを覚えるのに10時間かかったとしても、そのほうがずっと効率的です。

効率を考えないで、ムダ撃ちをしていくことも大切ですが、非効率的なことに時間を割くためにも、効率化できるところは改善し、時間の価値を高めていくことが大切です。

時間効率を考えるときは、一度、自分がやっていることの棚卸しをして、**「刃を研げないか」「もっと簡単にできないか」**を見直してみる必要があるでしょう。

「刃を研ぐこと」こそ、忙しさから逃れる最良の方法だと思います。

POINT

忙しい人ほど、「仕事の手を止める」勇気を持つ

28

継続は努力や意志に頼らない

刃を研ぐには、どうしても「今までとは違う、新しいこと」にチャレンジしなければなりません。

ところが、何かをはじめようすると「三日坊主」で終わってしまうことがあります。

「三日坊主」で終わる大きな理由は、**「完璧を求めてしまう」**からです。

そもそも人間は怠け者なのに、「怠け者の自分は嫌い」「できない自分は嫌い」と考えてしまうから、苦しくなります。

「完璧主義」の人ほど、三日坊主になりやすい

私は、テニス、カメラ、ピアノ、フルート、トライアスロン、ゴルフ、社交ダンス

など、さまざまな趣味を持っていますが、どれも継続できているのは、投資で学んだ「時間を味方につける考え」を趣味にも取り入れているからです。

具体的には、次の5つのコツを意識しながら取り組んでいます。

【三日坊主にならないための5つのコツ】

①頑張りすぎない
②再開する
③ダラダラやる
④自分に期待しない
⑤ルーティン化する

①頑張りすぎない

たとえば、英語を勉強しようと思ったら、「1日5分だけ」でいい。

最初から毎日1時間の計画を立てると、できなかったときに挫折感を覚えます。仮に英単語ひとつしか覚えられなくても、それはまぎれもなく「成長」。そうとらえるべきなのです。

私はカメラが趣味ですが、毎日何枚も撮影しようとすると苦しくなるので、「一日1枚でも十分」だと考えています。

②再開する

3日しか続けられなくて、しばらく間があいてしまっても、もう一度はじめればいいだけです。毎日同じように続ける必要はありません。「やったり、やらなかったりでもいい」くらいの緩い気持ちではじめましょう。

③ダラダラやる

人間には気分の浮き沈みがありますから、毎回、集中し続けることはできません。そんなときは、「ながら族」でかまいません。テレビを観ながらでも、音楽を聴きながらでも、お風呂に入りながらでもいいのです。

④自分に期待しない

私は、自分のことを信用していないし、未熟なこともわかっています。ですから、自分に期待していません。どうせ続かないし、飽きっぽいし、すぐに誘惑に負けてしまうので、はじめからそういう自分を認めています。

ダメな自分を受け入れて、「三日坊主上等！」と考えていれば、できなかった自分を責めることはなくなります。

⑤ルーティン化する

いつ何をやるのか、自分でルールを決めておくと、継続しやすくなります。私の場合は、「日曜日の夜11時〜0時まで」は、前週の反省と来週の確認、「月曜日の夜10時から」は、テニス。大好きなシュークリームを食べるのは水曜日の夜だけと、ルーティン化しています。

途中でサボってしまっても、時間がかかっても、三日坊主になってもいいから「はじめること」に意味があります。投資と同じです。何もしない人に比べたら、大きな成長です。何もチャレンジしない人生は、つまらない。

意志が弱くて三日坊主な自分を認めてしまったほうが、自分の可能性はどんどん広がっていくのです。

20％の力で80％の実力をつける

「三日坊主上等」ですが、もし、短期間で実力を伸ばしたいのなら、良い方法があります。**「最初の3カ月くらいは集中してやってみる」**のです。

仮に「プロ」の領域を100点とすると、最初の20％の努力で「80点」（ハイアマチュア）くらいの水準に達すると考えられています。

何かを学びはじめると、最初はものすごいスピードで成長します、ですが、ある程度のレベルに達すると、それ以上の成長には時間がかかります。

初心者レベルから中級レベルにいくのは簡単でも、中級レベルから上級レベルに上がるには、長い練習時間が必要です。

富士山ではなく、八ヶ岳に登れ

松岡修造さんは、「今日からお前は富士山だ！」という名言を残しています。「日本一を目指せ」という意味です。もちろん私も、ファンドマネジャーとしては常に富士山（日本一）でいたいという気持ちがあります。

ですが、趣味に関していえば、富士山になろうとは思いません。「八ヶ岳になろう」と思っています。

「今日からお前は八ヶ岳だ！」です。

八ヶ岳は富士山ほど高くありませんが、山の峰がいくつも続きます。

つまり「八ヶ岳になる」とは、「ハイアマチュアレベルの趣味をいくつも持つ」「80点の実力を持つ趣味をたくさん持つ」ということです。

プロを目指すのであれば、長い時間を費やして100点を目指すべきです。ですが、「趣味の世界に関しては、80点で十分」ではないでしょうか。

好奇心を持って、たくさんの経験を積んだほうが思考の幅が広がります。

・自分が極める分野（ファンドマネジャー）は、「富士山」を目指す
・趣味を楽しむときは「八ヶ岳」をたくさん持つ

というのが私の考えです。

POINT

怠け者の自分を受け入れて、好奇心の赴くままにはじめてみよう！

第6章

増やす力

「経済」とは何か？
「お金」とは何か？　を知る

㉙ 人は、ただ生きているだけで誰かの役に立っている

投資をしてお金を稼ぐにあたって、経済を正しく理解することはとても大切なことです。では、「経済」について、少し身近なところから考えてみましょう。

「経済」というと、商品をつくったり売ったりするイメージがありますが、じつはそれだけではありません。「すべての人」が経済活動に参加しています。専業主婦や学生のように、労働の対価としての、お金をもらっていない人たちも経済主体のひとりです。どういうことでしょうか。

「赤ちゃん」を例に考えてみましょう。

赤ちゃんは、ひとりでは何もできません。お金を稼ぐことも、お金を払うこともできません。お父さんやお母さんに支えられて生きています。

ですが、投資家の視点で見ると、

「赤ちゃんがいるだけで経済が動いている」

と考えることができます。

赤ちゃんは、オムツ、ベビーカー、ミルク、哺乳瓶《ほにゅうびん》、ベビーベッドなど、ベビー用品を消費するだけですが、もしこの世から赤ちゃんが消滅してしまったら、ベビー用品を扱う会社は存続できません。

赤ちゃんがいることによって支えられている会社はたくさんあります。

赤ちゃん関連の会社に勤めている人は、赤ちゃんが存在しなければ、給料をもらうことも、働くこともできないでしょう。

つまり、自分で稼ぐことができない赤ちゃんでさえ、立派に経済活動をしていることになるのです。

ペットボトル150円の行方

「経済とは何か」をつきつめて考えていくと、こんなことがわかります。

「人は、ただ生きているだけで価値がある」
「人は、ただ生きているだけで誰かを支えている」

生産活動に参加していなくても、消費活動を行っているだけで、「誰かの役に立っている」のです。

想像してみてください。

「経済」とは**「お金を通じて支え合うこと」**です。

たとえばあなたが、コンビニエンスストアで150円を支払い、ペットボトルのお茶を買ったとします。

では、この150円はどこに行くのでしょうか？

コンビニの売上になります。お茶をつくっているメーカーの売上になります。お茶を運ぶ運送会社の売上になります。ペットボトルを製造している会社の売上になります。ペットボトルの原料をつくっている会社の売上になります。お茶農家の売上になります。お茶を宣伝する広告会社の売上になります。

挙げだすと、キリがありません。

図11　ペットボトル150円はどこへ行くのか

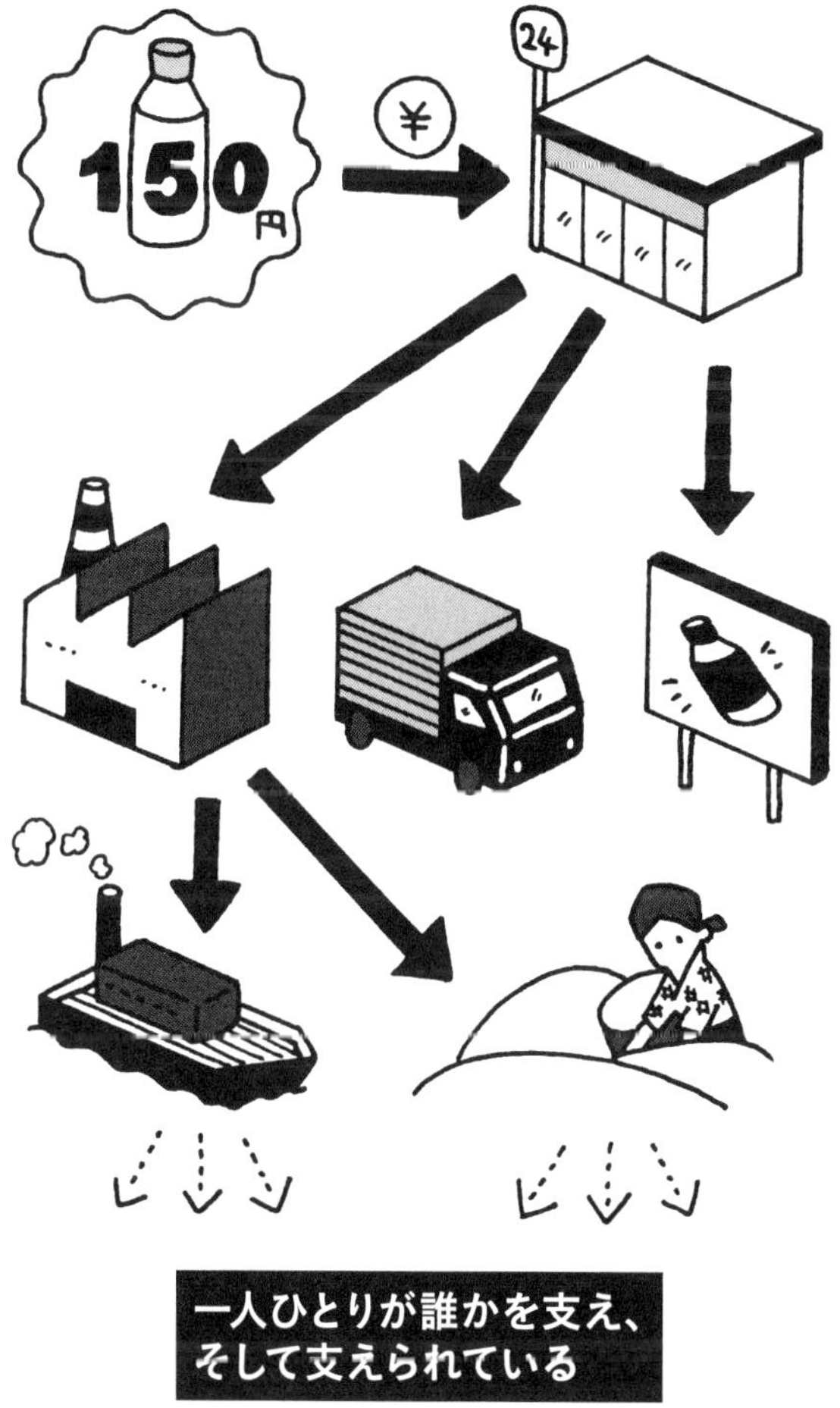
150円
¥
24
一人ひとりが誰かを支え、
そして支えられている

経済は「互恵関係」である

あなたが何気なく支払った150円は、たくさんの人を支えています。

そして、お茶を飲むことで今度は自分が支えられているわけですから、150円を支払ってお茶を買うという行為は、「周りを支え、自分も支えられる」という関係を生み出しています。

人は、生きているだけで経済活動をしている。私たちが消費したお金は誰かの給料になり、私たちが得る給料は、誰かの消費のおかげである。このことは、私たちの消費活動が、必ず誰かの生産活動につながっていることを表しています。このつながりのことを**「互恵関係」**といいます。

・互恵関係……周りとの関係で、生かし、生かされること

私は、**「自他不二《じたふに》」**という言葉を座右の銘にしています。

「自他不二」とは、「自分と他人とは別人でありながら、実際はひとつのものである。

2つに分けることはできない」という大乗仏教の考え方です。

この考えこそ、まさに互恵関係です。自分の喜びは他人の喜びにつながり、他人の喜びは自分の喜びにつながります。

「自他不二」の感覚が強いほど、「社会に対して何かしよう」「他人の役に立とう」という意識が生まれてきますし、投資という活動にも結びつきます。


空気を吸うだけで生きている人はいません。消費活動を行っていない人は、この世の中に一人もいません。**経済を理解するうえで、もっとも大切なことは、「一人ひとりが誰かを支え、そして支えられている」という認識を持つこと**です。

お金を稼ぐことも、お金を使うことも、どちらも社会に貢献することであり、すなわち「お金=善」なのです。

POINT

経済は互恵関係。人は、ただ生きているだけで価値がある

30

経済とは「ありがとう」を循環させること

私たちの給料は、誰が払っていると思いますか？　社長ですか？　上司ですか？　経理部ですか？

私たちの給料は、「お客様」が払っています。給料の原資は、お客様です。お客様が製品やサービスを買ってくださるから、売上が上がって給料が払われるわけです。

給料を手渡してくれる社長や、上司や、経理部は、お客様の代理人にすぎません。ですから、あなたも**「お客様から給料をもらっている」**という意識をまず持つことが大切です。

そう思うことができた瞬間から、仕事のしかた、取り組み方、向き合い方が変わるはずです。「やらされている仕事」から「やる仕事」にシフトします。「どうすればお客様を満足させることができるか」というお客様思考で仕事ができるようになるでしょう。

一方、消費者の側も、「自分の使ったお金が、自分の生産活動や投資活動に循環して返ってくる」ことがわかれば、生産者に対する「感謝」を持つことができます。生産者が消費者に感謝をし、消費者も生産者に感謝する。

このような互恵関係を貫いた先にあるのは、**「ありがとうの世界」**です。

買う人も売る人も「ありがとう」を言える世界です。

人の孤独を救う「おーい」の精神

私は、コンビニで買い物をしたときも、レストランで食事をしたときも、新幹線の改札を抜けるときも、タクシーに乗ったときも、ものを買ったりサービスを受けたりしたときは、**必ず「ありがとう」を言う**ように心がけています。

ホテルやトイレを掃除している清掃員の方にも、「ありがとう」と感謝を伝えます。

いいサービスを受けたときはもちろんですが、接客態度が悪いときでさえ「ありがとう」を言います。なぜそんなことをするのか。

「ありがとう」には、周囲の人をプラスの感情に変える力があるからです。

先日、ファミリーレストランで食事をしたとき、無愛想にしていた店員に、こちらから先手を打って、

「この豚肉、おいしいね。調理している人に『ありがとう』と伝えてね」

と言うと、一瞬で彼女の表情が変わりました。しおれた花が一気に開花したように笑顔を見せて、

「これ、先週からメニューに加わったんです。私はまだ食べていないんですけど、お客様に『おいしい』と言ってもらえると、私も嬉しいです」

とびっくりするほど明るく話をしはじめました。

自殺や殺人といった痛ましい事件の背景には、「孤独」があるように思います。

飛び込み自殺をする人の多くが「通行人の多いところ」を選ぶそうですが、その理由は「関心を持ってもらいたいから」ではないでしょうか。

以前、男性が新幹線で焼身自殺を図った事件がありました。あくまで私の憶測です

が、彼には心を許せる仲間がいなかったのかもしれません。ポリタンクを持って1号車まで歩いたのは、人との接点がほしかったからかもしれません。

富士樹海の自殺志願者を救うパトロール隊の人に話を聞いたことがあります。自殺志願者を止める方法は、びっくりするくらい簡単なことだというのです。それは、

「おーい」

と声をかけることです。それだけで、9割以上の人が戻ってくるといいます。

富士山の樹海まで来て死のうとする人が「おーい」のひと言で止められる。だとしたら、こちらが関心を持ってひと言声をかけるだけで、たくさんの人の心をほぐすことができる。少なくとも自分の周りにおいては「おーい」の精神を忘れないでおこうと思います。

著名な経営コンサルタントの船井幸雄さんが「ありがとうが大事だ」とおっしゃっているのを聞いて、「なんだか、胡散臭いなぁ」と思ったこともありましたが、最近は、「やっぱり、ありがとうが大事だ」と実感しています。

相手をバカにすることは、自分をバカにすること

「ありがとう」は、「相手」に対する感謝であり、自分が払っている「お金」に対する感謝であり、ひいては「自分」に対する感謝でもあります。

経済は互恵関係である以上、相手にリスペクトを払うことは、自分にリスペクトを払うことと同じです。

そして、相手をバカにすることは、自分をバカにすることと同じです。

「ありがとう」を言えば「ありがとう」が返ってきて、「怒り」は「怒り」で返ってきます。**経済活動とは、「お金」と「ありがとう」を循環させること**です。

私たちは「お金」という手段を使ってコミュニケーションをしています。このことを覚えておくと、経済に対する見方が変わるのではないでしょうか。

POINT

私たちは「お金」と「ありがとう」を使って、コミュニケーションしている

㉛ お金は「未来の缶詰」である

それでは、お金とは、一体何なのでしょうか?

私は、**「お金＝エネルギーの缶詰」**だと解釈しています。

エネルギーの缶詰には「２種類」あって、ひとつは「過去の缶詰」です。その人が働いた報酬としての缶詰で、「過去の結果」が詰まっています。

ところが、お金を「過去」のために使うことはできません。お金を使えるのは、いつだって「未来」に対してだけです。

お金は、常に現在と未来に橋を架けていくもの。「未来の缶詰」でもあります。だからこそ、使い方次第ではさまざまな力の源になるし、他の人を幸せにすることもできます。

- **過去の缶詰……過去の「自分」の結果**
- **未来の缶詰……未来を切り拓くための源**

お金は、過去の自分であり、未来の自分です。お金は、自分の人生そのものです。

だから、あなたが「お金を稼ぐのは悪だ」「お金を使うのは悪だ」と思っているとしたら、それは「自分＝悪」と思っているのと同じです。

「お金は不潔だ」と言う人ほど、お金が好きでたまらない

投資は、**「エネルギーを投じて、未来からお返し（リターン）をいただくこと」**です。

投じるエネルギーの中には、お金、時間、情熱、努力、知恵などが入っています。

一方リターンの中には、お金、商品、サービスなどのほかに「感謝」「経験」「知識」といった目に見えないものも含まれています。

たとえば、この本を読んでいるあなたは「時間」というエネルギーを投じて、「知識」というリターンを得ているわけです。

日本人の心には「豊かになることは汚れることだ」とする風潮があります。しかし、本当にお金は「悪」なのでしょうか。

「お金は不潔だ」

「株式投資は、投資家が私腹を肥やすために行うものだ」
「株で稼いだお金は汚いものだ」
「株は私欲の塊でうしろめたいものだ」

そう思っている人ほど、じつは、不潔な人ではありませんか。

なぜなら、**「お金のことで頭がいっぱい」**だからです。

よく考えてみてください。投資をして得られるお返しは、「お金だけ」ではありません。「感謝」や「経験」や「知識」が含まれています。株式投資であれ、自己投資であれ、どういう投資であっても、お金だけで完結することはないはずです。

それなのに投資というと、「お金」のことしか頭に浮かばないのは、お金のことが気になって、気になって、しかたがない証拠です。

お金に汚いイメージを持つことは、お金が大好きであることの裏返し。

「お金は悪」「投資はダーティー」と言う人ほどお金が好きでたまらない人なのです。

POINT

お金をどうとらえるかで、自分と未来を変えることができる

㉜「金持ち」より「株持ち」を目指せ

投資を英語で表記すると、「invest」（インベスト）です。つまり、「ベスト（衣類）を着用する」ことであって、「身に付ける」という概念です。一方、日本語はどうかというと、「投資」とは「資本を投げる」。身に付けるとは反対の概念ですね。この話は草食投資隊の渋澤健さんから聞きました。

- **「invest」…身に付けるイメージ**
- **「投資」……手放すイメージ**

なぜこんなことになったのでしょうか。日本人は、1万円の投資をすると、「1万円が手元から消えてしまった」と喪失感に痛みを覚えます。なぜなら、**日本人が現金主義**だからです。投資に不安を覚えるのは、ポケットや財布の中から「現金」がなくなってしまうからです。

日本人はアメリカ人に比べ、寄付をしません。日本人の寄付の金額は、「年間で、1人当たり約2500円」だと言われています。一方、アメリカ人の年間平均は、13万5000円です。毎月1万円以上寄付していることになります。

公共経済学では、世界的に見ても「日本人は公共心がない」と公表されています。経済は互恵関係ですから、寄付も投資もしないということは、社会に貢献しようという意識が薄い、と評価されてもしかたありません。

現金主義の日本人

仮に1万円を寄付することになったとします。

たしかに、あなたの手元から「1万円札」はなくなります。けれど、寄付先との間に共有感があって、心理的につながっていれば、1万円は寄付先に移動しただけで、「減ってはいない」ととらえることもできるはずです。

ところが日本人は、根本的には個人主義なので、**「自分のお金がなくなった」**と考えてしまう。寄付よりも、投資よりも、「とにかく貯蓄が大事」と現金を抱えているのが、日本人の気質なのです。

長者番付に入る人は現金を持たない

「お金を貯めている人」の心の中を覗いてみると、
「お金が増えている状態が幸せ」
「手元から現金がなくなるのが怖い」
という気持ちが見て取れます。

株式投資に消極的な人の多くは、「現金」が大事なのであって、「株券」を資産だと認めていません。世界的に見ても、この傾向はめずらしいと思います。

アメリカ人も、中国人も、韓国人も、株券を資産だと考えています。なぜなら、株は、会社の価値をそのまま体現しているものだからです。

世界の「大金持ち」と呼ばれる人たちは、「現金」を持っていません。現金を持っていても、お金は働かないからです。

お金を寝かして大金持ちになった人は、ひとりもいません。

アメリカ・フォーブス誌が発表する「The World's Billionaires（世界長者番付）」にランクインした人の中で、現金を何兆円も持っている人はいません。資産の99％は株や不動産です。ソフトバンクの孫正義社長も、ファーストリテイリング（ユニクロ）の柳井正社長も、資産の多くは株です。

本物の「お金持ち」とは、「お金（現金）を持っていない人」のことを言います。

「お金持ち」とは、「株持ち」のことです。

「お金持ち」とは、「資産家」のことです。

本物のお金持ちになりたかったら、現金を貯めずに、成長する会社や不動産に投資するしかありません。

お金持ちになりたいと思っているかぎり、お金持ちにはなれません。現金をつかんで離さない人は、お金持ちにはなれないのです。

POINT

現金主義を脱して、お金を働かせよう！

33

投資を「ギャンブル」にしない資産運用5つのコツ

では、投資を始めるときには、どんな知識が必要とされるのでしょうか。

実は、あまり難しくありません。

かつては、ある程度まとまった資金がなければ株式投資はできませんでしたが、今では少額でも投資できるようになりました。

投資のハードルは下がっているのです。

そこで、投資に興味を持った方に向けて、「初心者が投資で失敗しないポイント」を5つに絞ってご紹介しましょう。


個人投資家にとって、無理のない投資のコンセプトは「小さく、ゆっくり、長く」です。

【初心者の投資で大切な5つのポイント】

①すぐにはじめる
②「手に汗をかかない額」を投資する（小さく）
③情報をしっかり集める
④一気に投じない（ゆっくり）
⑤最低3年間は実践する（長く）

①すぐにはじめる

投資の本を読んで理論武装してからはじめるより、とにかく、すぐにはじめたほうが、「株とは何か」を理解できます。株式市場や経済の成り立ちについて「頭ではなく、肌で」感じてください。習うより慣れろ、です。

そして、投資をはじめたあとで入門書を通読し、全体像をつかむようにすると、投資家としてのクオリティが上がります。

②「手に汗をかかない額」からはじめる

1000万円を投資してもドキドキしない人もいますし、10万円を投資しただけでドキドキする人がいます。「いくら投資しなければいけない」という絶対的な金額はありません。

個人の保有金額や金銭感覚によって投資額を決めてください。

③情報をしっかり集める

良い会社かどうかを見極めるためには、会社の情報をいかに集められるかが大切です。「よく知っている業界」や「よく行くお店」「愛用している商品をつくっている会社」など、情報が取りやすい身近なところから投資先を探してみましょう。

投資先の候補が決まったら、会社のウェブサイトをチェックします。そこには、「社長のメッセージ」や「業績」、「製品情報」などが掲載されています。次のことをチェックしましょう。

・会社の理念に共感できるか（自分と相性が良さそうか）
・「売上」や「営業利益」「当期純利益」などの数字が伸びているか
・ウェブサイトに、社長や役員の顔写真があるか

とくに「顔写真」は大切です。日本の時価総額上位200位の会社のウェブサイトを調べたところ、社長と役員の顔写真を両方掲載している会社は、株価の上昇が顕著でした。社長や役員が自ら外部に顔を出すことは、経営の責任から逃げないという責任感や覚悟の表れでもあります。

投資する会社の数は、「3銘柄」くらいからはじめるといいでしょう。

④一気に投じない

たとえば10万円分の株式を買うときは、一気にまとめて買うのではなく、3カ月に分けて買うなどして、時間分散をしましょう。

私は、貯めながら増やす、「ためふや」という投資手法を推薦しています。毎月コツコツ一定の金額を投資していくことです。こうすれば、相場の変動をある程度抑えて

いくことができます。

⑤最低3年間は実践する

景気の1サイクルは「3～5年くらい」なので、その期間は投資を実践してください。また、長期的に投資をしたほうが経験を蓄積できますから、リターンを上げる確率が高まります。

150ページでも説明したように、できれば「5年間」は投資をしてほしいと思います。相場循環は5～6年程度の動きをしているため、3年で手放してしまうと、「相場のピークの手前で買い、ボトムで売る」ことになりかねないからです。

POINT

投資の基本は「小さく、ゆっくり、長く」。そして「習うより慣れろ」

第7章

選択力

未来に向けて、希望を最大化する戦略

㉞ イメージできないことは、マネージできない

日本電産の創業者、永守重信さんは、かつて、**「人生は、思う通りにしかならない」**とおっしゃっていました。

「人生は、思い通りにならない」とか、「今の結果に満足できない」と嘆く人が多い中で、永守さんは、「人生はすべて思い通りに進んでいる」と解釈していました。なぜなら、「人は、頭で想像した以上のことはできない」からです。

今、自分がこの道を歩んでいるのは、自分が思っているからです。

今、自分がここにいるのは、「ここを離れない」という決断をしているからです。

イメージできないことは、マネージできません。つまり、**人間は想像外の行動をすることはできない**のです。

ということは、イメージの幅が広がれば、行動の幅も、人生の幅も広がると考えることができます。イメージできることが少ないと、狭い範囲の中に留まってしまいます。人生の可能性を広げるには、イメージできることを増やす必要があるのです。

人生は、「思う通り」にしかならない

秋田県出身の人にとって、秋田県は遠い場所ではありません。懐かしい場所であり、いつでも帰れる場所です。なぜそう思えるかというと、「知っているから」です。ですが、秋田県に一度も行ったことがない人にとって、秋田は「遠い」と感じるだけで終わってしまう場所です。

なぜなら「イメージできない」からです。

私は仕事で全国を駆け巡り、札幌だけでも、50回近く行っています。すると、札幌に着くたび、「帰ってきた」と感じます。「帰ってきた」と感じる場所は、すでに日本全国20箇所くらいありますが、そう思えるのは、街の知識と経験が積み重なっているからです。

私は今、秋田銀行様と密に仕事をしていますが、そうして何度も通うことで秋田はとても「近い」場所になりました。

イメージできることを増やすには、あらゆることにチャレンジして、知識と経験の量を増やすしかありません。**経験値が上がれば上がるほどイメージの範囲が広がり、範囲が広がれば広がるほど、自分の潜在的な価値が上がっていく**でしょう。

冒頭で、「希望最大化戦略」の人たちを紹介しました。

彼らは、キャリアアップのための転職をしたり、引っ越しをしたり、新しい友だちをつくったり、趣味をはじめたり、投資をしたりします。

2年前に投資をはじめた人は、投資金額が平均で「2倍」に増えていますから、「動いた分だけ投資収益が増えた」わけです。アベノミクスの時代は、「インフレの時代」なので、動く人（投資をする人）は大きな成果が出ます。「動く人」は動くことによって、イメージできる範囲を広げています。

ビニール傘を海外で売って、ひと財産築いた日本人がいます。

海外旅行中にビニール傘を差していたら、複数の人に「カッコいいね」と声をかけられ、「この国には、ビニール傘がない！」ことに気がついた。そこで、街頭に傘を並べて、1本数千円で販売したところ、飛ぶように売れたそうです。この人の成功は、「海外に出た（動いた）」ことが一因です。

「動かない人」は、転職しなかったり、地域を離れなかったり、ごく少数の友だちとだけで群れていて、買い物する場所も決まっていたりします。もちろん投資にも消費にも消極的で、節約が大好きです。

生活範囲が狭い人ほど、「動かない」傾向にあります。

怖いから動かない。動かないから視野が広がらない。視野が広がらないからチャンスに気がつかない。現状の不満を払拭できないとしたら、「世の中のせい」ではなくて、すべて動かなかった自分の責任です。

イメージできることを増やしていきましょう。

POINT

自分の潜在的な価値を上げるために、行動範囲を広げる

35 子ども時代の記憶にヒントがある

私の父親は、典型的なネガティブ・シンカーです。

「人生は悪い方向に向かっていく」というのが、父の人生観です。常に「最悪の状況」を想定しています。

試験は、落ちるもの。株は、損するもの。友だちは、裏切るもの。病気は、罹《かか》るもの。

人生に対する期待値がとても低いのですが、だからこそ父は、いつも期待を上回っています。

たとえば、「人事異動では、左遷されるもの」だと思っていますから、たとえ昇進しなくても、「現状維持」であれば大喜びできるわけです。

父のように期待値を下げて生きるのも、ひとつの生き方です。

期待値が劇的に低い人は、幸福度が相対的に高まるという面において、上手な生き方をしているのかもしれません。

先般、そんな父が病気を患いました。常に最悪を考えている父は、「もうすぐ死ぬ」と思ったようです。

そして、何を思ったのか、「死ぬ前に、おまえに言っておきたいことがある」と言い出しました。

あらたまって何を言い出すのか……。

私はドキドキしながら、父の話に耳を傾けました。

「おまえは誰に対しても、どういうシチュエーションでも公正で、公平な人間だった。父親として、そのことにいつも驚嘆していた。小さいときから周りのことを考える力を持っていて、それがおまえの特質だと思う」

父が私のことをそのように見ていたのは意外でしたが、思い返してみると、たしかに私は、子どもの頃から**「物事を公平公正に評価しよう」**という意識があった気がします。

幼稚園の頃からファンドマネジャー

今から5、6年前、母親から「ファンドマネジャーの仕事とは、どういうものなのか」を尋ねられたことがあります。私は、

「会社を公平公正に見て、公平公正に評価して、その会社に価値があるのかを判断して、価値が認められるのであれば、投資をする。投資をして価値が上がれば株価も上がるし、価値が下がれば株価も下がる。結果的には、価値が上がる会社に投資できているから、お客様から預かったお金が増えているんだよ」

という話をしました。

すると母はしばらく考えてから、「そういえば、あなたが5歳のとき、こんなことがあったのだけど、覚えている？」と言って、思い出話をはじめたのです。

「あなたは幼稚園から帰って来ると、いつも、窓から露店のたこ焼き屋さんを見ていたわね。私が『何をしているの？』と聞くと、『お客さんの数を数えている』って。『今日は20人お客さんが来たから、だいぶ儲かったと思う。昨日は雨が降って3人しか来なかったけど、大丈夫かな』と。この子はどうしてそんなことに関心があるのか、不思議だったのよ」

そしてあるとき、私はたこ焼き屋さんに話しかけたのだそうです。

「ねぇ、おじさん。たこ焼き焼いて儲かるの？　おじさんは生活するためにたこ焼きを焼いているの？」

たこ焼き屋さんを眺めていたことも、おじさんに話しかけたことも、私はまったく覚えていません。

また、久しぶりに小学校の卒業アルバムを見返したところ、

「将来の夢はお金持ちになること」

と書いてありました。そして、中学校の卒業アルバムには、

「将来の夢は、資本家になること」と書いてありました。


どちらも書いたことを覚えていないのですが、私は子どもの頃から、商売を見たり、お金について考えたりすることが好きだったようです。


結果的に私は今、お金に関わる仕事に就いています。

「人生は、思う通りにしかならない」

「想像以上のことはできない」

という永守重信さんの言葉を借りれば、まさに私は、子どもの頃から思い続けた通りの仕事に就いた、と言えるでしょう。

POINT

子どもの頃の体験は、必ず今につながっている

36

やりたいことは、待たずに、奪い取れ

世界的に有名な投資家、ウォーレン・バフェットさんは、85歳にして現役です。

バフェットさんが経営する投資会社「バークシャー・ハサウェイ」の株主総会には、世界中から3万人以上の投資家が詰めかけます。

熱狂的なファンが集まった1960年代のロックコンサートと重ねて、「投資家たちのウッドストック」とも呼ばれているそうです。

私も彼のように、

「死ぬまでプロの投資家でありたい」

「一生涯、投資バカでありたい」

と思っています。

そのために「希望最大化戦略」を取って、これからも動き続けるでしょう。

高齢化社会でやりたいことをやるには

私は、安易に**「後進に道を譲ってはいけない」**と思っています。

2014年に「大塚家具」のお家騒動が取り沙汰されました。父娘の間で経営権を巡る対立が起き、結果的には娘の大塚久美子社長に軍配が上がり、創業者で父の勝久会長は経営の第一線から退くことになりました。

メディアは「骨肉の争い」「お家騒動」「父娘戦争勃発」などと囃《はや》し立てましたが、私は「お互いにとって、正しいケンカのやり方だった」と評価しています。

なぜなら、「株主総会の投票で堂々と決着をつける」という民主的な手続きのもとで戦ったからです。その結果として、娘が父親を退けたわけです。

「SIPフィナンシャル・グループ」の齋藤篤会長（ファウンダー取締役会長）と食事をしたとき、こんなアドバイスをいただいたことがあります。

「私が40歳のとき、新しいことをはじめようと思ったら、50代、60代の先輩たちに『齋藤クン、順番だ。順番が来たらキミも権力を持てるようになるから、今は焦らないほうがいい』と言われたことがある。私は今、70歳になったけれど、どうなったと思う？順番も何もあったもんじゃない。先輩たちはいまだに現役だよ。藤野クン、これが高齢化社会だ。だから、**やりたいことがあったら、自分の力で奪取しなさい。奪取できないとしたら、それはキミが本物ではないからだ**」

その通りです。

やりたいことがあったら、奪取しなければなりません。

一方で、若手のファンドマネジャーに奪取されないためにも、最高の成績を出し続けなければなりません。奪取するためにも、奪取されないためにも、今まで以上に「バカ」になる必要があるでしょう。だから私は、変化を恐れることなく、希望を最大化するために、これからも挑戦していこうと思っています。

POINT

やりたいことがあったら、譲られるのを待つな

37

失敗の次には必ずチャンスがくる

今、私が挑戦したいこと。それは、「ライフルの免許を取ること」です。生涯スポーツとして射撃をはじめたい、という理由ではありません。猟銃で「エゾシカ」を撃ちたいと思っています。なぜ、エゾシカなのかというと、**「エゾシカ猟にはチャンスがあふれている」**からです。

現在、北海道には70万頭のエゾシカがいて、年率20％で増え続けています。この伸び率は、「ひふみ投信」以上です（笑）。

増え過ぎたエゾシカによって、農作物や自然植生の食害、交通事故などが発生しているため、生息数を抑えるためにも、狩猟を進める必要があります。

ところが、エゾシカが増えている一方、ハンターの数は減っています。しかも、ライフルを所持するには、「散弾銃を10年以上継続して所持・狩猟した実績」が必要なので、なり手が少ないのが現状です。

ということは、10年後、私が「エゾシカハンター」になったときには、「ハンターのバリューは鰻上りになっている」ことが予想できます。

しかも、規制緩和が進めば、「散弾銃を所持してから10年」という条件が緩くなる可能性があるため、思った以上に早くハンターになれるかもしれません。

狩ったエゾシカを加工して、レストランに提供することもできますから、投資家の視点で判断した場合、「エゾシカハンターの価値は、ますます上がる」と判断できます。

動き続けるかぎり、失敗の次にはチャンスがくる

「平日は株のスナイパー、週末はエゾシカのスナイパー。どちらの的も外さない」

これが、「今の」私のなりたい姿です。

これはまあ「ネタ」的な話であり、一つのたとえでもあるのですが、好奇心を持って世の中を見渡し、挑戦する意欲を持ち続けていれば、**「世界はチャンスにあふれている」**ことがわかると思います。

古代ギリシャの哲学者、ヘラクレイトスは、**「この世にあるあらゆるものは、絶え間なく変化してやまない」**という万物流転説を説いた人物です。万物流転説は、投資をするうえでも、自分の成長をうながすうえでも、とても重要な考え方です。

世の中は変化します。
変化するから、対応します。
変化するから、チャンスがあります。
変化するから、失敗しても次の挑戦があります。

世の中が変化する以上、ファンドマネジャーは現状に留まることなく、常に緊張感を持って動き続ける必要があるのです。

「レオス」という社名にも「流れ」の意味があります。ヘラクレイトスの「万物は流転する」という考え方がまさに「流れ」ています。

違う選択をしなければ、「今日」がずっと続くだけ

本書を読んで、「現状に留まらず、動き続けなければ」「希望最大化戦略で生きていきたい」と思われた人もいるでしょう。

しかし、本を閉じると同時に、湧いてきた気持ちも日々の忙しい時間に洗い流されてしまうものです。

では、どうしたらいいか。

私から一つ提案があります。

今日、この瞬間から選択を一つだけ変えてみるのです。

新しい場所に行ってみる。

通学通勤ルートを変えてみる。

レストランで食べたことのないものをオーダーする……。

どんな些細なことでもいいから、

「今までと違う選択」

をしてほしいと思います。

昨日までの選択の結果が、今日の自分をつくっています。

だとするならば、今までと違う選択をしたり、選択の数を増やしたり、選択の質を変えないかぎり、自分を変えることはできません。

投資をするなら、月1000円でいいから、「とにかくはじめてみる」。

旅行をする。SNSで投稿してみる。好きな人に告白してみる。

引っ越しをする。カラダを鍛える。

会社で朝一番に出社する。違う業界の人と交流する。

映画を観る。絵画を観る。

楽器を演奏してみる。NPOに参加してみる。

社会人大学院に通ってみる——。

小さいことのようですが、小さな変化を積み重ねていくことによって、人生を変える大きなアクションが生まれるのだと思います。

未来に缶詰を送る気持ちで、今この瞬間にエネルギーを投入してください。

きっと、思いもよらぬエネルギーが返ってくることでしょう。

POINT

世界はチャンスにあふれている。小さな変化を積み上げよう

おわりに

最後は「運」

私は、「プロの成功要因の多くは『運』である」と考えています。

そんなことを聞くと多くの人は、意外な顔をします。

意地悪な人は、こう言います。

「ひふみの成績がよかったのも、『運』なのですか？」


そうです。「運」です。

私は以前に一度だけ、『ホンマでっか!? TV』(フジテレビ)というテレビ番組に出演したことがあります。

その際、控え室で、流通ジャーナリストの金子哲雄さんとお話をさせていただきました(それからはどなくして、鬼籍に入られました)。

金子さんからもらった名刺には、「週刊 金子哲雄」と書かれてあり、「毎週、名刺を新しくしている」と言います。

「どうして、毎週名刺をつくる必要があるのですか?」

金子さんは私の質問に対して、こう答えてくれました。

「ひとつは、挨拶することが大事だからです。毎日たくさんの人に会っていると、誰に渡して、誰に渡してないか、わからなくなりますよね? だから、会った人全員に渡すんです」

「実力があれば仕事が入ると思っている人が多いのですが、最後は『運』だと私は思うんです。好き嫌いとか、何か、ひょんなきっかけだったり。だから、私の名刺がたまたまそこに転がっているのを見て、『あ、金子を呼ぼう』と思ってくれたらいいなぁ、と」

「『運でもらった』と思えば、その仕事を大切にするし、仕事をもらえなくても『たまたま運がなかったと思うだけ』です。**ほとんどの人が『運』を意識していませんよね**」

私も、金子さんと同じ考えです。

「最後は運」

だと思っています。

私がファンドマネジャーになったのも、運。

海外年金資金の部署で鍛えられたのも、運。

たまたま来たチャンスに必死に頑張る。

頑張って成果が出ても、運でひっくり返される。

成績が良くなるのも運。

悪くなるのも運です。

ひたすら謙虚な人であれ

多くの人は、「運も実力のうち」と言いますが、「運」と「実力」は明確に区別されるものです。

私は「投資バカ」として、「全力」を尽くしています。

人生はある意味、運任せ。だからこそ、努力をしています。本書でご紹介した洞察力、決断力、リスクマネジメントといった知恵と力を駆使して、投資の世界を駆け抜けています。

ですが、どれほど全力を尽くしても、「最後は運」だと思っています。全力を尽くしたからといって必ず結果が出るほど、どんな仕事も甘くはありません。

お客様の大切なお金を「運用」するのが、私たち「資産運用業者」の仕事です。

運用とは「運」を「用いる」と書きます。

投資を成功させるには、ファンドマネジャーの腕、チームの力、運用会社の哲学、顧客の質などさまざまな要素が必要ですが、最後にあるのは「運」です。

そして未来を予測できないのと同じように、「運」をコントロールすることはできません。

たとえ投資が成功しても、最後は「運」のおかげです。


すべての力を惜しみなく発揮して、全力を尽くす。意識を巡らす。努力し続ける。そのうえで「運」を認める。「自分の実力ではなく、運のおかげで成功できた」と思えば、自分の力を過信することはありません。

結果が出ても「しょせんは運だ」ということがわかっていたら、傲慢になることはありません。

投資も、仕事も、人生も、「傲慢」こそが、敗北の元です。

先が見えない時代で結果を出せる人は、謙虚さと、素直さを忘れない人だと私は確信しています。

2015年9月

藤野英人

私は、「草食投資隊」として同志とともに日本全国を飛び回っています。もしどこかで、この「投資バカ」のロゴを見かけたら、声をかけてください。

あなたに会えることを楽しみにしています！

藤野英人（ふじの・ひでと）

レオス・キャピタルワークスCIO（最高運用責任者）。

1966年富山県生まれ。90年早稲田大学法学部を卒業。野村投資顧問（現野村アセットマネジメント）を経て、96年ジャーデン・フレミング投信・投資顧問（現JP モルガン・アセット・マネジメント）に入社。中小型株のファンドの運用に携わり、500億円⇒2800億円にまで殖やすという抜群の運用成績を残し、伝説のカリスマファンドマネジャーと謳われる。中小型・成長株の運用経験が長く、25年で延べ5500社、6000人以上の社長に取材、ファンドマネジャーとして豊富なキャリアを持つ。

2003年8月レオス・キャピタルワークス創業、CIO（最高運用責任者）に就任。現在、運用している「ひふみ投信」は4年連続R&I優秀ファンド賞を受賞、「ひふみ投信」「ひふみプラス」を合わせたマザーファンドの運用総額は700億円を超えている（2015年9月現在）。

東証JPXアカデミーフェロー、明治大学ベンチャーファイナンス論講師。

主な著作には『投資家が「お金」よりも大切にしていること』（星海社）、『日本株は、バブルではない』『日経平均を捨てて、この日本株を買いなさい。』（ダイヤモンド社）、『藤野さん、「投資」ってなにが面白いんですか？』（CCCメディアハウス）、『スリッパの法則』（PHP研究所）など多数。

投資バカの思考法

2015年９月16日　初版第１刷発行
2015年11月19日　初版第３刷発行

著者	藤野英人
発行者	小川 淳
発行所	ＳＢクリエイティブ株式会社 〒106-0032　東京都港区六本木2-4-5 電話　03-5549-1201（営業部）
装丁	萩原弦一郎、藤塚尚子（デジカル）
イラスト	加納徳博
本文デザイン・DTP	斎藤 充（クロロス）
編集協力	藤吉 豊（クロロス）
編集担当	坂口惣一
印刷・製本	中央精版印刷株式会社

ISBN978-4-7973-8098-9